勿使前辈之遗珍失于我手
勿使国术之精神止于我身

功夫探索丛书

刘永文 著

武学内劲
入门实操指导

北京科学技术出版社

图书在版编目（CIP）数据

武学内劲入门实操指导 / 刘永文著 . — 北京 : 北京科学技术出版社，
2021.1（2024.8 重印）

ISBN 978-7-5714-1166-4

Ⅰ . ①武… Ⅱ . ①刘… Ⅲ . ①武术气功—基本知识 Ⅳ . ① G852.6

中国版本图书馆 CIP 数据核字（2020）第 197340 号

策划编辑： 胡志华
责任编辑： 胡志华
责任校对： 贾　荣
责任印制： 张　良
装帧设计： 志　远
出 版 人： 曾庆宇
出版发行： 北京科学技术出版社
社　　址： 北京西直门南大街 16 号
邮政编码： 100035
电话传真： 0086-10-66135495（总编室）
　　　　　　 0086-10-66113227（发行部）
网　　址： www.bkydw.cn
印　　刷： 保定市中画美凯印刷有限公司
开　　本： 710mm×1000mm　1/16
字　　数： 148 千字
印　　张： 11.5
版　　次： 2021 年 1 月第 1 版
印　　次： 2024 年 8 月第 5 次印刷
ISBN 978-7-5714-1166-4

定　　价： 59.00 元

编辑者言

《潜确类书》卷六十载：

> 李白少读书，未成，弃去。道逢老妪磨杵，白问其故。曰："欲作针。"白感其言，遂卒业。

李白聪颖，他能"感其意"，并付诸有效的行动。

学功夫，最难的，恐怕不是下不了苦功，而是不能"感其意"。

以前，武者多椎鲁不文，常借用日常之物、劳作之事来表达其意，这倒不失为朴素的好办法。世代同乡同里，风俗早就渗进血脉里，所见所感自然无须多费口舌。悟性好的，能"感其意"而化于自身，肯花工夫，功夫终究能上身。

但，离了此情此景，凭几句口诀、几篇拳谱，则很难推断出其具体练法。

到如今，科学昌明，武者也不再局限于口传、身授、心记，图文、视频等都可作为记录手段。书刊之丰富，前所未有。可是，不论是手抄本，还是出版物，抑或是师徒之间的授受，隔山、隔纸、隔烟的困惑从未消失。

这其实是一个令人匪夷所思的现象。

即使受限于文言之于白话的难懂、方言之于普通话的障碍、授者与受者之水平高低，功夫，总归是"人"这一个统统是躯干加四肢的有形之体承载下来的，怎么会变成一门难以自明的学问？

于是，不泥古、不厚今，剖开表象，觅求功夫的实质，找到具体而有效的训练方法，让更多人受益于其健养之效，进而对防卫有一定裨益，乃至获得修养之资粮，就是这套丛书最初的缘起。所以，不限年代，不限国别，不论是借助多学科的现代分析，还是侧重明心见性的东方智慧，只要是对功夫这种探究人体运动的学问有精诚探索的读物，都在本丛书所收之列。

当然，我们已知的科学不能穷尽功夫的原理，更不能穷尽人体的奥秘。

正因为如此，我们不应排斥先贤的智慧，更不应止步于此。

共勉。

2019 年 9 月

前　言

　　中国传统武术，尤其是内家武术，确实是中华民族独有的智慧结晶。它传承千年，与中华民族的文化融为一体、相辅相成，所以人们常以"博大精深、源远流长"来形容它。

　　说到中国武术的博大精深、源远流长，现在很多人不理解，甚至由不理解而否定它，这倒也不足为怪。即便是很多内行人也是知其然而不知其所以然——只知道武术博大精深，却难以说明白武术的博大精深到底体现在哪里。武术是中国文化的表现形式之一，中国武术的博大精深、源远流长体现在继承了中国传统文化。古人以文载道，教化万民，所以有了"文化"这个概念。文是指文字，文化便是以文字教化。那么在同样的环境下孕育出来的武术，便有了"以武载道，教化万民"的意义，所以从一开始，武术中的技击训练与武人的"武德"就是分不开的。换言之，武术与文字是载道的两种方式，只不过是针对不同的群体而言。

　　庄子的《逍遥游》里有一个故事，说北冥有种叫"鹏"的鸟，展翅高飞，能飞几万里高、几万里远，直到南天极。小斑鸠之类的小鸟嘲笑它说："我拼命地飞，也不过十几米高，最远也只是到芦苇丛的那一头。鹏能飞几万里？纯属胡说。它绝对是个骗子，骗的方式还很幼稚！"

　　庄子想表达的就是"夏虫不可语冰"的意思。功夫也是如此，"一层功夫一层道理"。引用这个典故，只是想说明人们的知识积淀、思维偏好以及认知范围都不一样。不同认知层次的人很难顺畅交流，就像有的人只接触过现代搏击的拳打脚踢，便想当然地认为抡起拳打倒对手就是武术的全部，不去了解，也不愿了解武术背后的文化和整个传统武术的训练体系。我们都知道，以自身的认知水平去评价天地之间所有的事情要不得，那是坐井观天，甚至固执己见而容不下其他说法。

依我来看，现代搏击的练法其实是"返祖"了，是陈旧的训练思维。因为想要打倒对手，就算是动物也懂得训练，比如猫捕鼠会扑，所以平时猫也会练习扑，它的练习内容和应用是相同的。人之间搏斗，本能地也是用拳头和腿攻击对方。想要给对方造成更大的伤害，自然会想到训练拳头和腿的攻击速度与力量。现代搏击的训练，除了训练辅助器械有了进步，训练思维其实是一种退步，这是西方思维影响的结果。也正是因为这是最简单的东西，符合普通人的认知基础，才容易得到大众的认可。

越高级，往往越不容易掌握，自然会有很多人理解不了。如今，武学的巅峰是太极拳、形意拳等内家拳，内家拳中有羸弱之人打倒壮汉的秘密和方法。在现代搏击比赛中，参赛运动员按体重划分"公斤级"，低公斤级的运动员要与高公斤级的运动员对抗，有些令人不可思议，因为在身体对抗中，体重往往是绝对优势。而内家拳则不然，古人运用智慧探索出了一套行之有效的方法，可以以弱胜强、以小博大。从发力源头到用力法则都已经进化了，抛弃了以肌肉力量为主的用力习惯。

为什么抛弃呢？人身上的肌肉是以"块"为单位独立的，只能附着在筋骨上产生辅助作用，没办法单独形成力学结构。人平常能够活动，是骨头、筋和肌肉共同作用的结果。首先，骨头作为人体最坚硬的部分，承担主要的支撑作用。其次，筋附着在骨头上，才使人体具有了屈伸功能。最后，当筋比较弱，产生的力量不足的时候，肌肉才会发挥作用，自动弥补不足的那部分力量。人体的劲力来源于筋骨和肌肉，武术是围绕着劲力开展的一系列方法，所以武术的训练核心一定是筋骨或者肌肉。西方人一般体形较大，只用肌肉就可以发出较强的攻击力，所以西方人崇尚健硕的肌肉。但东方人体形较小，单纯靠肌肉力量没有优势。但人之所以强壮，不是因为肌肉强大，而是筋骨强健，我们的祖先探索出了利用筋骨组成力学结构以形成浑然一体的整体力，可以利用筋骨伸缩发出无与伦比的攻击力。喜欢谈"气"的人称之为"混元气"，其实这根本不是我们平常所理解的"气"。之后，古人以形成力学结构的整体力为基础，在千百年传承中不断实践，逐渐利用重力、惯性等因素，从而掌握了一套以小胜大、以弱胜强的用劲方法，这就是传统武术的制胜之道。只是现代很多人不熟悉传统文化，不知其中奥妙，更不知内劲为何物，简单地做做套路动作，便以为是学到了传统武术。

古人发明内家拳，是"追求高性价比"的必然结果。能用一分力把对手击倒，为什么要用两分力呢？《孙子兵法》云："上兵伐谋，其次伐交，其次伐兵，其下攻城。"崇尚力量的思想是"攻城"，胜在蛮力，而传统武学胜在智慧。打在"七寸"的"小力"，比打其他地方的"大力"的作用要大得多。所以传统武学胜在谋略，是"伐谋"，是智慧，是文化。

以传统文化为依托，古人逐渐发明了很多武学体系，其中以太极拳的用劲方法最高明：舍己从人、引进落空。在自己少用力甚至不用力的情况下，谈笑间就可以让对方东倒西歪、跌落丈外。可是就因为高明，所以才难练，明师、勤奋、悟性、环境、坚持，缺一不可。从这个意义上说，传统武术绝对是一种精英训练，难以普及！一代传人中有一两个集大成者就已经非常了不起了。物质可以直接继承，而精神内涵却不可以，它只能靠每一代人从头开始用功，老一辈人最多只是提供经验和方法。

中国传统武术的核心是劲，方法是练套路，俗称盘架子，但也绝不是只练几年套路就能有所成就的。作为中国人，我们可以不练武术，但不能不了解武术。武术承载了中国文化，不了解中国文化便很难理解武术。因此，学习中国传统武术的过程，同时也是一个学习中国传统文化的过程。因此，在阐述传统武术之前，我先要阐述一下中国传统文化的起源和一些核心符号的意义，否则很多不了解传统文化的人会简单地认为阴阳五行等很玄。

自古以来，各门武学其理相通，但其法不一。我所掌握的、领悟到的不是武学唯一的标准。各家练法都各有特色，标准自然也就不一样了。即便是各家练法一致，其语言描述也各有偏好。所以，我尽可能地做到使读者"观其文，明其意"。我也从不排斥其他训练方法，从不怀疑别人的正确性，毕竟训练方法不同，但条条大路通罗马。方法不同不重要，能达到相同的目的就可以了。

　　本人水平有限，这本书里所阐述的内容，权且当作是一种经验的交流和训练的参考，希望对大家有所裨益。

刘永文

2020 年 5 月

目　录

绪　论 / 001

武道综述 / 013

一、博大精深、源远流长的中国传统武术 / 014

（一）我为什么推崇中国传统武术 / 014

（二）中国文化的起源 / 017

（三）河图洛书的意义 / 020

（四）武道是如何形成的 / 024

（五）武道演化的案例：形意拳 / 025

二、中国传统武术的当代定位 / 028

（一）武术真假的标准 / 028

（二）"能打"是社会环境的要求 / 029

（三）传统武术修炼之难 / 030

（四）武术技击是鸡肋 / 032

（五）传统武术的三大意义 / 034

（六）如何定位传统武术 / 035

三、传统武术与现代搏击的区别 / 036

四、传统武术修炼体系详述 / 041

（一）修正身法 / 041

（二）换劲 / 042

（三）练劲 / 044

（四）用劲 / 048

（五）实战 / 049

内家阐秘 / 051

一、武术练的究竟是什么 / 052

（一）攻击力 / 053

（二）速度 / 054

（三）反应 / 055

（四）技巧 / 056

二、内劲究竟是什么 / 058

三、气究竟是什么 / 060

（一）少林拳里的气 / 062

（二）形意拳里的气 / 065

四、桩功究竟练什么 / 068

（一）身法要领 / 069

（二）发力结构 / 070

（三）锻炼筋骨 / 070

（四）借假修真 / 071

五、"桩"的迷思 / 073

（一）"松桩"和"紧桩" / 073

（二）"活桩"和"死桩" / 074

（三）"动桩"和"静桩" / 076

六、真正的"开胯"是什么 / 078

太极指南 / 081

一、隐藏在慢练后面的真相 / 082

二、太极拳修炼要领 / 087

三、太极拳为什么是高级拳种 / 089

四、太极拳和太极操 / 092

五、为什么有人练的是假拳 / 094

六、太极拳的修炼程序 / 096

七、理解太极拳要求的"松" / 099

八、"四两拨千斤"正解 / 101

内劲修炼 / 103

一、修正身法：无极桩（健身桩）练法及窍要 / 104

（一）动作 / 104

（二）拳理 / 105

（三）窍要 / 106

（四）调息 / 111

（五）收功 / 112

二、换劲法门：混元桩练法与窍要 / 114

（一）动作 / 114

（二）身法要领详解 / 114

（三）练功时间 / 117

（四）混元桩"松开"正解 / 118

（五）混元桩入门的标准 / 119

三、整劲法门：三体式修炼方法 / 120

（一）拳理 / 120

（二）动作 / 121

（三）练习窍要 / 122

（四）要领详解 / 123

形意练劲：五行拳练法 / 129

一、五行拳是用来练内劲的 / 130

二、五行拳的训练程序 / 132

三、五行拳练法 / 135

（一）劈拳 / 135

（二）钻拳 / 140

（三）崩拳 / 145

（四）炮拳 / 150

（五）横拳 / 155

四、内家拳训练的通则和禁忌 / 160

（一）通则 / 160

（二）禁忌 / 161

后　记 / 162

绪 论

　　我自幼酷爱武术，可惜儿时生活在乡下，当地习武之风不盛，一直没有机会学习。为了满足爱好，我自己找木头，用刀削成木剑玩。虽然这对习武没什么裨益，做木剑的手艺倒是一度让小伙伴们羡慕，后来给每人"赐"木剑一把，还给木剑都取了响亮的名字，并把名字刻在剑身上，现在想起来不禁哑然失笑。后来我到外地读初中，才有机会得到一些武术资料。当时学校的图书馆正在改建，图书整理工作量非常大。为了能多借几本武术书，我就去做志愿者，帮助图书馆管理员整理书籍。我还自备笔记本，自己制作了有"武侠秘籍"风格的封面，从书里抄录内容、描图，乐此不疲。再就是订购杂志，《武魂》《武林》《少林与太极》《拳击与格斗》等杂志是我的主要武术信息来源。

　　那时候，杂志上总有一些现在看来骗人的书籍广告，如《乾坤大挪移》《降龙十八掌》《九阴真经》之类。我竟然花费 30 元买了一本《九阴真经》。我当时几乎用所有的零用钱购买了武术书籍。因为通信手段落后，一般是先写信联系，再去邮局汇款，之后商家才会把书寄过来。当时我买了很多书，读得如痴如醉，可惜后来书流失了不少，没有全部保存下来。我尝试着照着书练，书上说三天"得气"，七天形成"气团"，我信以为真地去练。我练了七天以后感到奇怪，为什么自己"练成了"却没什么感觉，与没练以前一模一样。没觉得"得气"有什么不一样，也没觉得有"气团"。

　　那几年天真的岁月，尽管我没有正式练过武术，但是通过各种杂志和书籍积累了很多武术知识。太极拳、八卦掌、八极拳、少林拳等，虽然自己没练过，但是说起各门派、各拳种则如数家珍。

那个时候我有很多困惑，因为对一些基本术语都不了解。记得当时看到"意念"一词，实在不知道是什么意思，身边又没有人可问，互联网还没有普及，无处可查。一开始我以为是"想象"，后来觉得不太对，否则就直接说"想象"了。我琢磨了好长时间，才弄明白"想象"和"意念"的区别。可惜当年对武术的知识了解太少，不能很快领悟，浪费了很多时间和精力。但也正是因为这些困惑，我走上了自己独立思考武术、探求拳理的道路，形成了客观看待问题的思维习惯。

直到去县城上高中，我才终于打听到了在县城开武术培训班的韩师。韩师毕业于武汉体育学院，回内蒙古后时运不济，暂时在县城以教拳为生。

韩师是我的武术启蒙老师。拜师两年期间，我主要练习散打和陈式太极拳，闲暇之余学习擒拿，以及少林八法拳、盘龙腿、十二路弹腿等。我听韩师讲在学校学武的经历，以及毕业后走南闯北拜访高人时的很多武林趣闻，受益良多。

说起与韩师相识，还颇有意思。当年刚到县里高中报到的时候，我就听同学说在学校南边的树林里见到过有人带着一群孩子练武术。我仔细打听了他们看到练武的地点、时间，便连着几个周末都去树林里找寻。那时已过中秋节，内蒙古比较冷，韩师带的学生多是孩子，此时已经不适合在室外训练了，所以韩师停了课，我也就一直没找到他。

又过了几周，听当地同学说街上新开了一家体育用品专卖店，经营不少器材。于是我就动了心思，约了一个与我同样爱好武术的伙伴一起去看。时值隆冬，内蒙古的天气冷得厉害，交通又不发达，连公交车都没有。在小镇上，我们都是徒步赶路。但是心中那种对武术的热爱让我们不顾严寒，急匆匆地就赶了过去。

到了店里，看到了很多体育器材，许多以前只能在杂志的广告上看到。我忍不住到处摸摸，兴奋不已。当我看到速度球的时候，心里一喜，立刻喊伙伴过来看，告诉他这就是速度球。我这一嚷嚷引起了店老板的注意。店老板好奇地过来说："这东西一般人不认识，既然你认识，那肯定是练武术的人啦。"我说，我还真没练过，一直喜欢，但是没有碰到能教武术的老师。店老板听完之后就笑了，他说："巧了，我还真认识这么一位武术师傅。"我脱口而出："韩师傅？"店老板很惊奇地问我是不是认识韩师傅。我便把寻韩师而不得的实情说了出来。店老板听了笑着说："我正好认识他，韩师傅水平很高，很厉害的。这段时间天冷了，训练停了，所以你没碰到他。我认识他家，你们什么时候有空，我可以带你们去。"我们一商量，决定马上去，我们已经迫不及待了。店老板非常爽快，立刻关了店门带我们去了。

就这样，在热心的店老板的引荐下，我俩就开始跟随韩师学习武术了。这就是我的第一位师父——武术的启蒙老师。韩师毕业于武汉体育学院，在校期间，陈正雷大师在学院授过课，所以韩师的陈式太极拳打得很好。他擅长散打，精通多种拳术，推崇站桩。在跟韩师学武期间，我主要是练散打。休息时，我缠着韩师教套路，还学了盘龙腿、十二路弹腿、八法拳等套路。后来看我对太极拳特别感兴趣，韩师就教我太极拳，先教定步八法。我先学四正手，学了之后没有专门的时间练，就利用课间在教室最后面的空地上练。说也奇怪，也不用力，也不费劲，就这么松松地打圈，在那个冰天雪地的时节，每次我都练得大汗淋漓，但是丝毫不喘粗气。后来时间紧张，我都是抽午休的时间徒步去韩师家，学几个招式回来练，过几天练熟了，利用午休的时间再去找韩师学几个。如此一来，我便学完了陈式太极拳的架子。

因为在教室里练习，有人练武的消息几日之内传遍校园，我便遭到很多同学的嘲笑和围观，在学校里也几乎成了另类。因为当地相对落后，所有的父母都把希望寄托在孩子读书上，希望孩子靠读书改变命运，所以好好学习考上大学是大家唯一关注的事情，对孩子其他的兴趣爱好统统持排斥态度，认为那是不务正业，会影响学习。在这种环境下，大家都把几乎所有时间投入读书学习当中，课间休息也不例外。现在却有这么一个人总是在乱伸胳膊瞎踢腿，所以同学们私底下都说我是在"鬼抽筋"。当时的我承受的是整个学校的异样眼光，尽管顶着这样的压力，我依然我行我素。我喜欢，我就去做，不为外界所干扰，怡然自得。

后来事情传到父母耳朵里，我学武遭到父母的强烈反对。但是"将在外，君命有所不受"，我在外读书，父母的其他话我都听，唯独让我放弃武术，无论说多少遍，我都不为所动。就这样，一天、两天……过了两个月，正好赶上学校办活动，征集节目，我报名参加，表演武术。在舞台上，随着音乐，我展示了太极拳的柔美和散打的刚猛，瞬间全场轰动，最终我表演的节目获得第二名。后来的校报上还刊登说"武术表演，一招一式像模像样"，我曾一度对"像模像样"这4个字的评语不满，现在看来，其实这已经是对当时的水平很高的评价了。就这样，同学们的目光从嘲笑变为惊讶，慢慢地从惊讶又变为赞赏。自己的苦苦坚持，终于迎来了希望的曙光。前些天看到一句话："你的日积月累，终将成为别人的望尘莫及！"瞬间内心充满感动，这一句话便可抚慰当年所受的所有苦楚。

在韩师家时，常听他说起很多往事，多是他毕业的时候武术系的同学结伴游历的事情。我在这期间增长了很多见闻。韩师推崇站桩，对大成拳、鹤拳都很欣赏。而且韩师对桩功有很深的造诣，只是我在韩师身边时间较短，用他的话说，高中阶段的东西学完了，等着进入大学阶段的训练。所以，桩功在韩师那里没有学到，当时也没有意识到桩功是个宝，现在想起来觉得甚为遗憾，否则可以早几年练习桩功了。

记得当年韩师谈起鹤拳，说有一种训练方法是，在站桩的时候，在身后不远处挂一个骷髅头，而且说，对于太害怕和完全不害怕骷髅头的人，这种练法就没用。当时觉得很恐怖，后来经过揣摩，这可能是利用练功者害怕身后骷髅头的心理，总会不知不觉地把注意力放到身后的骷髅头上，由此可以训练出非常敏锐的感知能力吧。如有练鹤拳的朋友看到此处，还请不吝赐教，让我验证一下自己揣摩的是不是正确，以及鹤拳是否真有这样的练法。在此先行谢过！

后来我转学到呼和浩特读书一年，假期回来后再去拜访韩师，已然是大门紧锁，人去屋空。师兄弟们也大多去各个地方上大学了，而当时我们没有手机，联系不便，因此很多师兄弟都联系不到了。仅联系到的几个人说，我走了以后，他们练得不那么勤快，韩师那里不常去，也不知道韩师的去向。后经多方打听，有消息说韩师已经去山西怀仁的一个学校做老师了，从此再无音信。后来几年，只要路过县城，我就一定要去看看韩师的小院，真希望韩师突然回来，可惜每次都以失望告终，只能默默祝愿韩师健康、快乐、幸福！

在外读书，和韩师断了联系之后，我依然坚持练习韩师教给我的武术，练练散打，练练套路。武人讲缘，正当我为联系不上韩师，自己的技艺还未入门而懊恼的时候，上天安排我和我的第二位师父——张师邂逅了。

在呼和浩特上学期间，我每日晚自习前和晚自习后都要去操场打拳，周末的时候早上去练。因为练武术如果没有伙伴一起练，容易偷懒，所以我就想找个伙伴，正好发现班里有个同样喜欢武术的同学，他姓郭，后来成为我的师弟。当时他也喜欢武术，但遗憾的是一直没有机会学习，我那时已经跟着韩师练过两年了，就与他相约一起练功，顺便教教他。

还记得那是一个周末的早上，我在等他的空当，发现在操场上离我不远的地方，有一位老人双臂环抱于胸前，站着标准的混元桩动作，正在练功。听韩师讲过桩，所以我一眼就看出来了。老人打太极拳的很常见，站桩的却很少见。我挺好奇，特意绕到前面去看。当从老人前面走过的时候，我发现老人身体虽然一动不动，眼睛却正看着我。我心里琢磨，站桩的时候应该闭眼睛，怎么他睁着眼睛呢？看来他站得不对，要不要上前给他指正一下呢？想了想，还是算了。冒昧打扰他也不好，再说他练的是什么我也不是那么清楚，不了解的训练体系还是不要去随便指手画脚了。于是我又回到自己那块地方，自己练。不一会儿小郭来了，我教了他几个太极拳动作和八卦掌转掌。练完之后，我说体育馆有沙袋，非常专业，带他去看看。经过老人前面时，突然发现老人已经收功，正冲我们招手，笑眯眯地示意我们过去。

我们走到老人身前时，老人盯着我笑，抬手捏了捏我的耳朵，顺势在我肩膀上也捏了捏，嘴上还说"不错、不错"。然后，老人就把手端起来，摆了一个推手的架子说，小伙子练得不错，我试试看你功力如何。我当时一怔，因为韩师只教我推手打圈，其他的内劲一概没教，所以我说我不怎么会推手。老人说，没关系，你搭手吧。我就只好搭手，刚一挨老人的手腕，就觉得一股力量直逼身上，挡都挡不住，化也化不开。我心里有些犯嘀咕，韩师说要放松，不能用力，怎么这位老人上来就这么用力啊？估计他不会推手吧。

老人只这一用力，我就站不住了，身子往后退。老人微微一笑，停下手，说我真是个好苗子，可惜就是没内功。连说好几声，我还没反应过来，站在一边傻笑。后来老人问我，你想不想练内功？我说想啊，但是我跟以前的师父联系不上了，现在一直也没碰到能教的师父呢。这时候我才反应过来，老人是有真功夫的人，我肉眼凡胎没看出"真佛"来。于是赶紧表示想拜师。老人说，你从明天开始每天早上来这里找我，我教你。

从此我就跟随老人学习内功，一开始便学站桩。老人沿着脊柱，从上往下把身法挨个说了一遍。然后我就开始练。可惜当时我对内家拳的了解太少，没有体悟的积淀，很多东西似懂非懂，仅知道个书本上的说法而已。后来才知道，脑子理解的字面意思和体悟到的真正要领相差何止十万八千里。无怪乎王阳明先生说要"知行合一"呢。正所谓"纸上得来终觉浅，绝知此事要躬行"。只是很多年以后才知道这个道理，对这些观点才真正有所体悟。走了十几年弯路，试错的成本不高，错过的成本却很高。

后来每日站桩，老人都会给我们调桩，说要有 3 个月才能定型。学习日久，慢慢地我才知道这位老人姓张，也就是我的第二位师父张师，他是大学退休教师。张师的父亲曾是贺龙元帅手下的一位旅长，贺帅去北京的时候，他没去，在呼和浩特安了家，留在了这里。张师是当地著名拳师关崇绪的弟子。师爷关崇绪（字德山，1886—1968），人称"关大爷"，圈内人尊称他为"塞外宗师"。师爷师从吴长庚（师从刘奇兰、杨健侯）和张奎武（师从郭云深）。在太极拳、形意拳上的造诣很深。

据张师说，当年跟随师爷学习武术时，从学者有数百人，但是能坚持下来的却不到 10 人。"文化大革命"期间全都不敢练了，停了十来年之后才又捡起来，因此，很多好东西都丧失了。

张师说当年学艺时，有一次几个师兄弟一起正聊得兴起，谈论谁最能打、能打几个人。碰巧师爷经过，就训诫他们说，打人的不叫功夫，能打多少人都不算是功夫。碰巧旁边地上有块青石板，师爷便站上去说，你们看着，这才叫功夫。说罢身子往下一沉，双脚一抖，平放在地上的青石板便从中间裂开了，可见师爷功夫之深。张师也遗憾地说，传到他这里，功夫不及师爷当年之分毫。

刚跟随张师学武之时，张师什么拳架都不教，只教站桩——无极桩和混元桩。当时，我心里常有些现在看来很无知的想法，在这里权且分享给大家，望大家在学武的过程中引以为戒。

刚开始练混元桩时，张师每次以双手轻触我的手背或者手腕，便可感知我身法上哪里有问题，指导我腹部要收到位，肩膀再松一些等，现在方知这是调桩。我当时不理解，觉得张师是故意为难我，故作高深莫测之状。用手轻触我的手背就知道我身上哪里没松、哪里不对，这怎么可能呢？一定是他看出了我哪里不对，用手轻触我的手背，之后再说出来，这样显得很神秘、功夫水平很高。所以有时候我也装模作样地给师弟们调桩，双手轻触师弟的手背，告诉他腹部收一收、肩膀松一松之类。其实当时我或者是看出来的，或者是瞎说的。直到后来离开张师上大学，对张师教的身法无意间领悟了很多，身法调正、开始换劲之后，我才突然有了体悟，才知道张师的调桩不是忽悠和故弄玄虚，而是确确实实可以感觉到对方体内劲力变化。

上大学后我组织了武术社团，报名参加的同学很多，虽然当时对于内家拳我自己还没入门，但是相对于没有人会武术的情况，我也就顺理成章地成了社团负责人和总教练。在教学员们练习桩功的时候，我也会给大家调桩。有一次给一位学员调桩的时候，我双手接触到对方手背，只觉得对方双臂无力，下意识地让其松开肩膀。对方听我指挥，我瞬间感觉到其从腰间传来一股力量，虽然没有爆发出来，尽管力量轻微，但那股力量在刹那间有一种不可阻挡的感觉。当时我心里一震，因为这股力量明显来源于腰，所以我又要求其放松腰部，调整好尾闾。对方一调整，其手背的反应又与刚才不一样，此时对方给我的感觉是像扎根于地底的大树一样无法撼动，如山岳一般不可动摇。也是因为我糊里糊涂地练了这么多年，量的积累产生了质变，也算是开窍，瞬间顿悟了张师当年所做的确实是可以感受到体内劲力变化的调桩法门，而我自己却没有好好珍惜这段难得的机缘，傻里傻气地还在心里怀疑他，至今懊悔不已。

正所谓"一层功夫一层道理"，对武术的理解在自身水平达到与没达到时真是天壤之别。所以大家在习武的过程中，切记不要用当时的眼光来判断师父传授的内容正确与否，只要师父真心教你，就珍惜所有的机缘。师父教的很多东西都要记下来，日后说不定什么时候就会明白师父的良苦用心。

还有一则体悟要与大家分享。在修正身法的阶段，我印象最深的是虚领顶劲，我用了一年时间才真正掌握这个要领。

第一次随张师学习，张师就在地上用石头代笔讲解了身法要领，然后就开始给我调桩。第一个就是虚领顶劲。因为比较抽象，张师就打比方说，虚领顶劲就像头上顶一张纸。看我不甚理解，他又说就好像肉钩子钩着肉的那种感觉。其实当时我虽然明白这几句话是什么意思，然而完全没有体悟，以为自己懂了，其实只是理解了字面意思，不是真的领悟。后来跟张师学站桩的时候，张师也常常提到这个要领，可是我却从没细心体会，就这么懵懵懂懂地站着。自己也从未仔细研究过"肉钩子钩着肉"是一种什么样的体会，也没有弄懂"顶一张纸"那个"顶"字作何体悟。我一直以为自己是站对了，还常常学着张师的口吻去指点师弟们。

就这样，我离开张师上了大学。在大学里有一次站桩，我突然就体会到了虚领顶劲的感觉，当时就非常惊喜，做到虚领顶劲之后，身体与之前的感觉完全不同。我立刻想起了张师常说的"顶一张纸""肉钩子钩着肉"，立刻明白了张师说的是一种什么感觉，对这两句话才算是真正弄懂了，要领才算是真正掌握了。只有自己做对了，才知道自己以前认为的对，其实是错的。"一层功夫一层道理"确实是真理，随着自己的进步，体悟水平逐渐提高，对同一句话的理解就会不同。

这个时候，我认为当时张师教我的时候用的词汇、描述的语言不够精准，才导致我的不理解，浪费了好多时间。所以，我一定要找出一个描述的词汇，让人一看就明白，一听就心领神会。于是我搜肠刮肚地想了很久，想来想去，最精确的还是张师说的"顶一张纸""肉钩子钩着肉"，没有能比它们更传神的描述了。直到今天，终于能用通俗的语言、现代知识结构去解释这个要领的时候，却用了上千字（详见混元桩身法要领部分），实为不易啊！

　　所以，初学者切记不要仅从字面意思去片面理解武术。中国武术博大精深，用文字描述出来的武术却不一定能让人看明白。大家要一边看书学习，一边进行实践训练，用训练时的体悟去理解文字表达的内容，终会豁然开朗！

武道综述

一、博大精深、源远流长的中国传统武术

（一）我为什么推崇中国传统武术

中国传统武术博大精深，为什么会给中国传统武术加上这么一个独特的标签呢？而为什么外国的跆拳道、空手道，甚至中国的散打都没有这样的标签呢？论实战技能，现在的传统武术选手恐怕远不及散打运动员，那为什么还有那么多的人痴迷于传统武术呢？有些传统武术习练者自身优越感也很强，他们的自信来自何处？

其实，中国传统武术博大精深体现在武术背后的文化内涵上。中国传统武术是在中华民族几千年发展过程中逐渐形成的，植根于丰富的、优秀的民族文化当中，形成了特点鲜明的各派中国武术。我一再地说，中国武术在发展过程中与中国文化融合，这种融合不是简单地相加，而是深层次上的融合。像少林武功讲究的是禅武合一，这种以武参禅的禅文化是其他门派的武术不具备的。在少林武学中，练武就是修禅，武术是修禅的一种法门，强身健体与防身技击都不是主要的，故有"禅武同源，禅拳合一"的说法。像太极拳源于道家思想，练拳的最高境界就是以武入道。还有很多武术流派讲究穴位、筋脉、元气，这都是中医的理论，故还有"医武不分家"之说。另外，中国传统武术的文化内涵还有

很多，有兵家战法，有佛家、道家、儒家理念，有美学、力学知识等，不胜枚举。可以说，武术与文化不可分割。

脱胎于传统武术的中国散打号称在技击的领域内已经远远超越了传统武术。虽然散打实战能力强，但是缺乏文化内涵，有的只是搏击理念，这是结果导向所致。散打只发扬了传统武术的技击部分，缺失了文化的滋养，练伤的运动员很多，修身养性的作用也没有了。

除了文化内涵，传统武术里修身养性的功效是其他技击形式不具备的。修身是一种文化涵养，这与《大学》里"格物、致知、诚意、正心、修身、齐家、治国、平天下"的修身一样，所不同的是，一个是通过武术，一个是通过读书。通过学习武术，可以达到格物致知的效果，学习武术本身就是一个格物的过程。同时，还可以参悟、明白很多道理，明白的道理多了，事情就看得更透彻了。凡碰到事情，立刻就可以看到本质，抓住事物的主要矛盾，从而做到胸怀宽广、为人谦和。一个传统武术修习者，水平越高就越谦虚，因为水平越高，对"人上有人"的理解就越深刻。

习武讲究体悟，这又与王阳明心学的观点相一致。王阳明讲究知行合一，这一点，没有比武术更好的例证了。要做到知行合一，就必须经过体悟。师父告诉你的秘诀和要领，如果不去练、不去体悟，是永远掌握不了的。字面上的理解不是真知。只有去练了、实践了、体悟到了，才是真正明白，才是真知。练武术，对知行合一的思想会感受得更深、更透彻。若论修身养性，没有比中国传统文化更好的了，而武术又扎根于中国传统文化当中。我们练习武术，更重要的是以武术为媒介，领悟传统文化，汲取传统文化的养分来提升自己的思想境界。对每个个体而言，其意义远胜过拳打脚踢的实战。所以前辈们才会传下一句话：拳打脚踢下层拳！

武术修行，特别注重辩证统一，具体就体现在了阴阳和动静上。锻炼身体要动静双修，练习武术要内外兼修。在内，要通过呼吸锻炼内脏的功能和寻找更好的劲力使用方法；在外，要锻炼筋骨，拥有普通人无法达到的筋骨之力，即整体力。只重内，练武无法实战，达不到防身的目的；只重外，则极易损伤身体。只有内外双修，才能达到修身养性的效果，使武艺稳步提升。为什么练散打练伤的人很多，就是因为外部训练太多，内养不足，导致内脏难以提供肢体训练所需要的全部能量，身体渐渐受损。

对此，金庸在《天龙八部》里有精辟的描述，相信大家都记忆犹新。少林寺的藏经阁对所有少林弟子开放，但为什么只有少数人能修炼成七十二艺里的一种或者两种？因为练习武术会产生相应的戾气，如不经佛法化解，很快就会走火入魔，损伤身体。虽然这段话是在小说里写的，不能照搬到现实的武术当中来，但是道理是相通的。武术的确会影响人的性格，很多人会几下拳脚功夫的时候，动不动就想跟人动手。这就需要提高习练者本身的思想境界和自制能力。在少林寺僧人看来，能提升思想境界和自制能力的只有佛经。因此，七十二艺为阳，佛法为阴，阴阳调和方能于正道上前进。相应地，肢体训练为阳，内脏训练为阴，阴阳调和方能无损害地进步。

中国人天性近道，善于通过各种途径来感悟道。好琴者以琴入道，好棋者以棋入道。琴棋书画都可以承载人的性格、智慧以及喜怒哀乐等情绪，继而可以修身养性，用以悟道。而传统武术就是这千万种方法中的一种。可见，中国传统武术确实博大精深，其文化内涵是现代各类竞技武术运动所不具备的。

古人云：万般皆下品，唯有读书高。如果此说成立，那么武术就是万般下品中的极品，因此我如此推崇。

（二）中国文化的起源

我向来不太习惯说教，也不太习惯居高临下地传道。无论是谁，哪怕是大师级的人物，其言论也只能是一家之言。没有绝对的正确，只有相对的正确。正确与否，还需要自己去感受和评判。所以我希望用文字带领大家去感受一下中华文化孕育的整个过程，这样比简单地讲道理更容易理解。

在原始社会，人类首先要解决的就是吃饭问题，填饱肚子是首要任务。因此，不同的人在不同的地域会养成不同的生活习惯，进而形成不同的文化。在这个时期，人类能有效填饱肚子的食物，显而易见的就是肉食了，所以最重要的活动就是渔猎。随着时间推移、环境的变化，便会形成不同的文化。比如在草原上，人少草多，动物也多，狩猎可以满足人类生存需求，因此在草原上生活的人类便慢慢学会了驯化动物，进而发展成畜牧业。草原广阔，这边的草吃完了，那就换个地方。不断迁徙，周而复始，繁衍生息。有了满足生存的食物，草原上的人们就不需要探索别的获取食物的方式，这样就逐渐形成了草原地区的生活习惯和文化。

在同一时期的黄河流域，因为人口数量不断增加，动物的繁衍速度显然跟不上人类对肉食的需求。在这种情况下，人们开始尝试用植物做成食物，并慢慢发展出了种植业。幸而当地适宜耕种，种植业慢慢地取代了渔猎的地位，植物成为食物的主要来源。在种植业需求旺盛的情况下，人们开始不断地深入研究植物的生长规律，如何研究这个规律？试想一下，我们把自己当成原始人，置身于当时的环境之下，能感受到的则只有白天和黑夜、温暖和寒冷，能观察的就只有太阳、月亮和星星。探索植物的生长规律，必然先从太阳和月亮开始。那到底怎么研究呢？人们在地上立一根木棍，观察影子的变化。人们每天记录木棍影子的位置，发现正好365天回到原位，形成一个周而复始的规律，这就是"周天"。

在这一个周天（一年）的变化当中，影子有最长的一天和最短的一天，还有两个中值的日子。根据这 4 个极值，古人定出了夏至、冬至、春分和秋分日，这便把一年分成了四季。四季对应地生成了四象：少阴、少阳、老阴、老阳。

人们根据地球公转的运行规律定出了四季，这得益于白天的观察。而晚上只能看月亮、看星星。现在城市里雾霾严重，能观察到的星星很少，甚至根本观察不到。原始社会的环境几乎没有被破坏，夜晚的星空能见度还是很高的。按照当时的条件，晚上最惬意的事情大概就是仰望星空了。星空中最引人注目的就是月亮，所以人们便首先观察月亮，发现月相也有规律，一个循环的周期是 30 天左右，这就是我们现在的时间单位"月"的由来。

人们在观察月亮的同时，发现天上的星星也有变化，不同的时期看到的星相是不一样的。再结合日晷、月相，便能判断四季和节气。为了方便记录，人们把星相分为 4 个群组，分别是"东方七宿""西方七宿""南方七宿""北方七宿"，对应的是青龙、白虎、朱雀、玄武四象。这 4 个群组构成了 28 个星宿，随着季节的转换，出现在天空的不同位置。反过来又可以通过星宿的位置，判断一个周天的节气。比方说北斗星斗柄的朝向和四季的关系，正如中国古书《鹖冠子》所言："斗柄东指，天下皆春；斗柄南指，天下皆夏；斗柄西指，天下皆秋；斗柄北指，天下皆冬。"成语"斗转星移"便来源于此。

说了这么多，好像扯远了，其实中国的传统文化正是从这里发源的。从远古开始，为了探寻更先进的耕种技术，我们的祖先就开始研究天地运行的自然规律，并且把所观察到的记录下来，不断传承、丰富，形成了一种独特的文化。由自身至周围环境，由周围环境至天地运行，然后由天地运行至宇宙运行。庄子在《逍遥游》里就用过"北冥""南冥"等词汇，它们都是指地平线以下未知的无限大的地方，现在看来，这不就是宇宙观的雏形吗？

　　人们观测太阳、月亮、星宿的运动规律是为了更好地判断种植的时节，什么时候耕地、什么时候播种、什么时候收获，等等。已经获得的知识和研究所得的结论需要记录下来。原始社会没有文字，如何记录这些自然的运行规律和现象？于是人类"法天则地"，创造出了符号。这便是"阴阳""五行""八卦"等中国特有的文化符号的起源。而可以推衍周天运行规律的图便是"河图洛书"，这在后面阐述。人们正是凭借着这些符号，逐渐创造出了灿烂的文明和精深的文化，并引领了人类的发展。

　　从人类诞生之初，人们就懂得合作，选择了群居的生活形式，后来形成部落。为了让大家更好地生活，每一个群体都会产生一位首领。假设你是部落的首领，继承了先祖"法天则地"的经验之后，怎么传承和发展它？恐怕一个人的力量有限，所以首领一般都会在自己的群体内部指定专门的人来记录、传承先辈们传下来的经验，逐渐地编成书。这些靠许多人积累而逐渐形成的书籍，现在还能见到如《山海经》《黄帝内经》等。当社会发展到更高阶段的时候，为了维护首领的权威和地位，这些积累下来的经验便只能为首领服务，平民是没有资格学习的。而记录这些知识的人便逐渐成为首领的老师，负责保管、传承这些知识和经验，并传授给首领。首领利用这些经验和知识维护自身权威，领导民众进行农业生产。

　　后来首领称为"天子"，这些人便是"天师"；首领成为"皇帝"，这些人便是"帝师"。而这一套首领可以学习的知识体系，便成了中华民族文化根源的道学之"天道"。从已掌握的天地运行规律向上拓展，便是"常道"，为宇宙演化产生的、永恒不变的"第一因"；往下拓展，就是人与道的关系，便是"德道"。常道、天道、德道是构成中华道学的3个内涵。之后大约在春秋战国时期，这些道学典籍开始流落民间，或者其思想传布于民间，逐渐形成了各家思想学说，呈现出百家争鸣的局面。孔子的"有教无类"便有力地证明了在这之前，普通人是没有资格学习的。

道学的载体有二：一种道学的载体是文化。我们研究的"道"，是通过法天则地得来的天地之道，记录道学的文字符号，并且运用这些符号来教化万民，便形成了文化。另一种道学的载体便是武术。古人在恶劣的环境下生存，在渔猎的过程中不断总结出搏斗的技巧，通过自己身体的变化去感知道学规律，用各种道学符号来传承、完善武学的理论，便形成了武学和武道。所以中华文化的始源——道学逐渐一分为二演化为"文""武"两种载体。中华道学就是传统武术以武载道、以武入道的武术文化属性。所以我一直认为，传统武术是理解中国文化的一个途径，我认为应该称之为"武化"，即"以武载道，教化万民"。所以说，一个人学习武术的过程就是学习传统文化的过程。

（三）河图洛书的意义

"河图"是人们用来记录和推衍自然运行规律的一种模型，简单地说，就是我们生活的这个世界运行规律的一个模型。

前面说过，古人通过测量，定出了四季，四季对应四象，也对应四方。对应的规则究竟如何，已经不可考。我们用另外一种方法，重新了解古人发现这些规律的历程。试想我们自己置身于古代，最直观的感受就是寒热和植物生长的变化。所以四季和四方的对应，应该是源于这两种现象。人们在不断迁徙的过程中发现了寒热的规律：越往北越冷，越往南越热。寒冷的冬季对应北方，此时的夜空中出现玄武星宿，所以星相对应玄武。炎热的夏季就对应南方，此时夜空中出现朱雀星宿，所以星相对应朱雀。春季万物复苏，秋季五谷丰登，正如太阳东升西落，所以春季对应东方，星相对应青龙，而秋季对应西方，星相对应白虎。

除了对应方位、星相、四季之外，还对应五行。大家都知道五行中北方属水、南方属火、东方属木、西方属金。学者们通过研究认为，这是古人根据天体金、木、水、火、土五星（隶属于太阳系八大行星体系）与日月交会的方位来对应的。日月会水星于北方，日月会火星于南方，日月会木星于东方，日月会金星于西方。

　　古人用数字来建立模型，奇数为阳数，为天数，用圆圈来表示。偶数为阴数，为地数，用黑色的圆点来表示。如果用数字表示四季，做一个简单的四象模型（见图四象）。

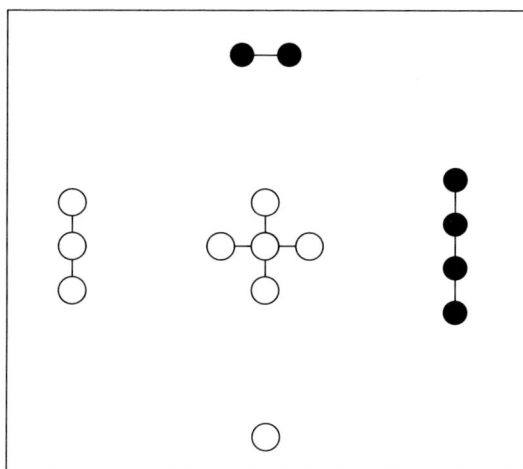

四象

上图对应的各项内容如下：

天数一：冬季，北方，老阴，水，玄武。

天数三：春季，东方，少阳，木，青龙。

地数二：夏季，南方，老阳，火，朱雀。

地数四：秋季，西方，少阴，金，白虎。

交合五：代表一、二、三、四互相交合化生的过程。

　　四象模型只是静态的，而天地则是不停运行的，四象模型并不足以解释天地周而复始运行的现象，缺少了阴阳的演化。我们的祖先进一步进行推衍和计算，把天地相合分成 3 个过程——生、交、成。一、三、

二、四是天地阴阳二气"生"的过程。阴阳生发之后，要天地阴阳互相交合，这是"交"的过程，是五。"五"的本意即天地交合。天地交合之后才能化"成"。天一交五，成地六；天三交五，成地八；地二交五成天七；地四交五成天九；天五交五，成地十；地十又归于天一，进入下一年阴阳二气的循环，周而复始。阳数中九为最高，代表天；五居正中，代表地。因而以"九"和"五"象征帝王的权威，称之为"九五至尊"。所以，一般九为极数，代表极点，这也就能理解武侠小说里厉害的武功要用"九阴""九阳"来命名了。

　　人们用一、二、三、四、五、六、七、八、九、十这 10 个数字把天地运动的象数模型完美地建立了起来，用图形来表示就是河图（见图河图）。

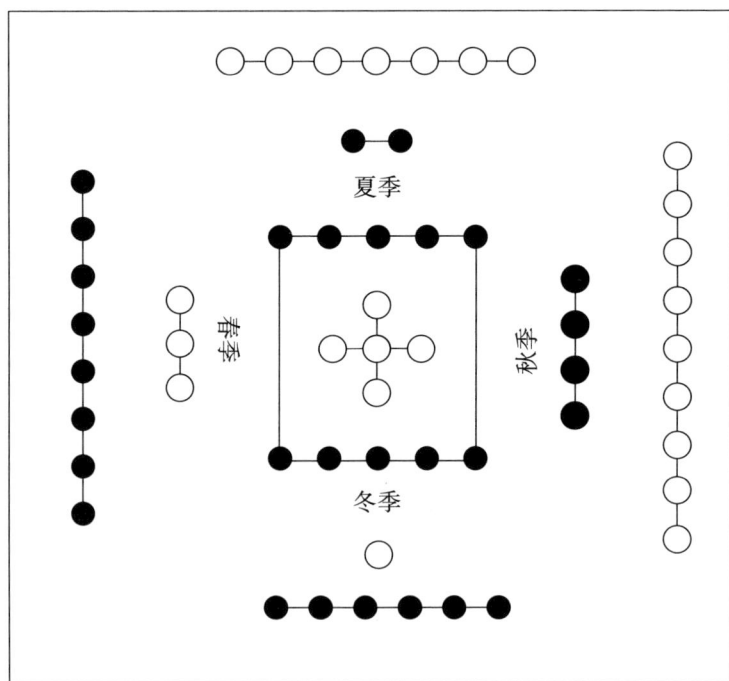

河图

河图之中只有四季。如果要对农业生产进行更精准而具体的指导，还需要对河图模型进行进一步演化。加入立春、立夏、立秋、立冬就形成了洛书模型（见图洛书）。

现在，我们有了8个极点：冬至、夏至、春分、秋分、立春、立夏、立秋、立冬。以这8个极点为根据，把周天分为8等份，这便是八卦模型。八卦就是历法。八卦的每一卦分别对应三爻，总计有二十四爻。把周天分成24份，二十四节气便诞生了。

由此看来，阴阳、八卦等中国传统文化独有的符号并非故弄玄虚。这些符号在数千年的发展中不断演变，被不断赋予新的意义，逐渐形成了包罗万象、璀璨夺目的中华文化。

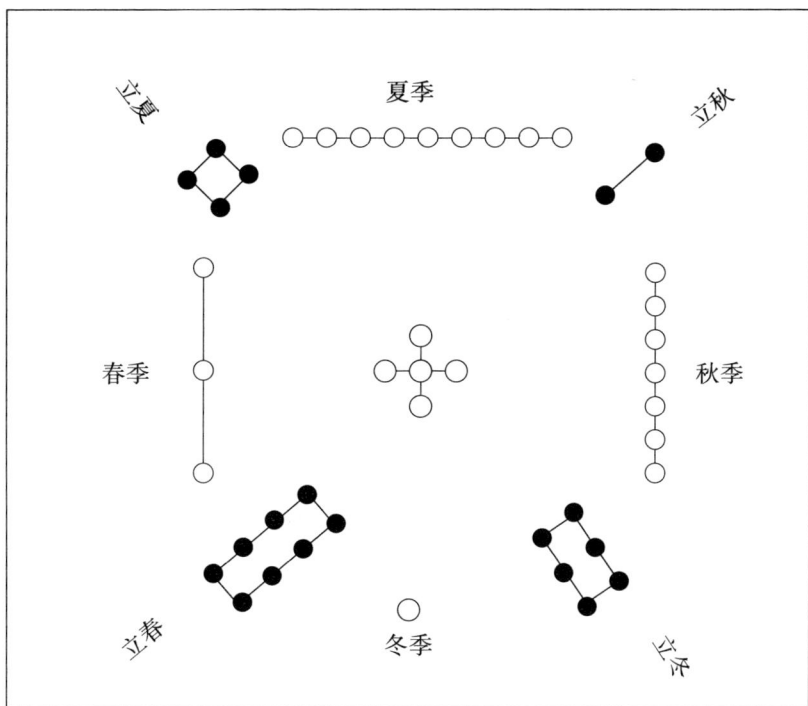

洛书

（四）武道是如何形成的

剔除文化因素，武术只是一种搏击的技能。但如果加入文化因素，武术就是一种教育的手段。武者可以通过自身的体会来感悟各种学识和道理。古人在武术训练当中，结合天人合一的思想掌握天地运行法则，从而让自己的身体更好地顺应自然规律，最后建立科学的训练方法，提升自身的武学水平。所以一般来说，当武术修为达到较高境界，武者的道德水平也会很高。

当中华道学的知识体系积累到一定程度的时候，人们就开始研究如何应用了。人类社会规模不断扩大，逐渐形成了国家。统治者在面对如何治理国家、如何领导万民的时候，自然会想到用道学来做指导。老子的治国思想便是运用大道。孔子则是给天下所有人安排角色，并规定每个角色的规则，如君君、臣臣、父父、子子，从而让天下有序运行，但这个规则也是从大道衍化出来的。所以各种治国思想的本质都是要顺应大道，用大道的法则来推动社会运转，这种思维便是天人感应的雏形。天人感应是我们祖先非常了不起的思想。

在各位思想家用天人感应的思维方式研究治国理政的同时，武术作为大道的一种载体，也开始体现出天人感应思想具有的指导意义。古人发现人体很多地方都与大道相似，能够一一对应，于是便用大道运行的法则来创建武术方法丰富武术指导思想。人的身体从平常生活状态下进入练武的状态便是大道的象，叫无极。之后通过一系列的方法练出了混元劲，也就是整体劲，这便是道生一。再根据各家拳法理论生成不同的劲法。太极拳从一生成二，为阴阳，之后生成八，为八法劲。形意拳从一生成五，为五行拳劲，又遵循五行相生相克的理数，衍化为十二形。天有道，人有道，拳有道，只不过人们对道学的理解不一样，结合自身的特长与环境条件，才创立了不同的拳种。可以说，各种拳派都是人们用道学思想来指导武术训练的产物。当人们用道学思想来阐释和指导武术训练的时候，武术就成了承载道学的一种载体、一种方式，武道就应运而生了。

（五）武道演化的案例：形意拳

用大道指导武术，便形成了武道、武学。以三大内家拳为例，八卦创拳，遵循八卦学说，源于八卦图；太极创拳，遵循太极阴阳学说，源于太极图；而形意创拳，遵循五行数理，源于河图洛书。前文说过，河图洛书是古人在对客观物质世界进行深入观察和了解的基础上，对万事万物运行规律的高度总结和概括，用其理论指导武术，必然有非凡的意义和促进作用。

大道的形成从无到有，然后生一，再生二，再生三，而后天地化合衍生万物。武术训练在大道的指导下，也是对应这个顺序。

人在自然状态下修正身法，具备了产生内劲的条件和基础，便是对应大道从无到有的"无"。这个"无"是道孕育的环境，无形无相，在我倡导的武术训练体系里，对应的是无极桩；修正身法之后进入换劲阶段，换劲的结果便是得到筋骨力，对应的是从无到有的"有"，这个"有"便是道的象，在我倡导的武术训练体系里对应的是混元桩。这个筋骨力的体现是整劲，便是对应道生一的一，一生二是阴阳，阴阳再合成三体，在我倡导的武术训练体系里对应的是形意三体式。《拳经》云："道自虚无一气生，便从一气产阴阳。阴阳再合成三体，三体重生万物张。"从三体式的训练中获得整劲之后便化生五行，在我倡导的武术训练体系里对应的是五行拳。形意拳是将无极桩和混元桩，即"从无到有，然后道生一"的步骤，融合到了三体式里面，"三合一"效果更快，但是难度也相应增加了。所以，古人云"以武入道，以武载道"。

形意拳遵循五行数理，便是河洛数理在武术范畴内的一种完美应用，是武道形成的一个范例。道有五行——金、木、水、火、土，人有五脏

（《黄帝内经》中为"五藏"）——肺、肝、肾、心、脾。当人们发现人体有五脏的时候，必然要研究五脏的作用、五脏之间的相互关系。研究发现，心脏功能良好必然会滋养脾胃，还会影响肺的功能。由此可知，五脏之间的关系是互相促进和影响的，正暗合五行相生相克的理论，若趋于平衡则身体强健。于是将河洛的五行思想应用于此，解释人体五脏的运作。武术家将阴阳五行理论应用于武术，便形成了武学和武道，进而演化成各种派别的武术；立志于治疗人体疾病的医者将阴阳五行理论应用于治病，便形成了医学和医道。所以自古以来医武同源，医武不分家。在过去，每一个武术家都是半个中医医生。

古人认为，人的五脏是秉承五行之气而生的，所以身体内自然含有五行之气。人出生的时候，体内含有"精、气、神、性、情"五种气质，纯属先天，称为"五元"：元精、元气、元神、元性、元情。它们在身体内对应五脏，在身体外则对应"五德"——仁、义、礼、智、信。"五元"是五行之气，"五德"是五行之性。人在出生之前，五行之气集于一处，称作"太极一气"，"五元""五德"都蕴含在内。人在幼年之时，虽然也有喜怒哀乐，但是都出于无心，所以浑然一气并没有损伤，一直保持太极一气的象数（状态），精力饱满。长大之后，古人认为这个界限是二八之年，也就是十六岁，先天气足，阳极生阴，人欲大起。"五元""五德"逐渐被消耗，"五元"分别转变为"五物"——浊精、妄意、识神、游魂、鬼魄。然后"五物"产生"五贼"——喜、怒、哀、乐、欲。"五贼"消耗人的精神体魄，所以所有的修身养性法门都要求尽量克制七情六欲，其道理正源于此。

郭云深前辈说过："吾拳之道，在于练之以改变人之精神气质。"所以形意拳外练形体、内练脏腑、调养气血、淬炼精神，让体弱变体强，其原则便是克制外欲、消灭"五贼"、还元返本、归根复命，这也就是武人代代相传的至理名言"未练拳，先练德"的来源。

返还之道也是按照五行数理，以阳克阴，返阴还阳。从中央戊土开始，始于土也终于土。横拳调养脾胃，有意无形，所以"出手横拳不见形"。而炮拳是一气开合，虽然有爆炸之力，但讲究和而不怒，燥气化尽方为至善。钻、崩、劈各有妙用，最终合于横拳，五行合一，五气朝元，"真土出现"。《拳经》中"横拳，一气之团聚也"说的就是这个意思。五行归于一气，一气居于正位，就是河图的中心，如此便会慢慢体验到炼气化神、炼神还虚的妙处，与道家修道的象数相对应。

用传统的五行学说和道家修炼来解释，有的读者会觉得很玄，其实不然。诚如开篇所说，我们的祖先是从天地万物当中总结和归纳这些规律，其具有一定的科学性。上面的五行数理，用现代语言描述就是用人的后天意识规范自身的言行和思想，尽量克制自己的情绪和欲望，不消耗身体，同时利用武道当中的训练法门调养气血、滋养脏腑、畅通经络，使人体逐渐健康，精力充沛。所以形意拳是以动作求内劲，以内劲练身体，内含导引的功效。形意拳是武道体系内让人体顺应大道规律运行的一系列方法，是将健身、防身合二为一的优秀法门。

形意拳把五行学说应用到拳术上，便是五行拳。五行拳的核心是"劈、钻、崩、炮、横"五种劲力，这是从形意拳的角度去概括、归纳人体发出的所有力量的五种类型。若从太极拳的角度归纳，从八卦掌的角度归纳，从八极拳的角度归纳，形成的拳劲就又不一样了。太极拳为"掤、捋、挤、按、采、挒、肘、靠"，八卦掌为"推、托、带、领、搬、扣、劈、进"，八极拳为"顶、抱、掸、提、挎、缠"。

其他拳种的几种劲法之间的关系在这里暂且不讨论，单说形意。形意五行拳劲源于河洛数理，因此五行拳劲之间也有了相生相克的关系，在实战技击中的应用也是离不开这种关系的。当然技击用劲不是做理论研究的，在实战中如何利用训练出来的身体本能快速做出正确的反应，这又涉及一个相当庞大、复杂的训练体系。在这里，我旨在探讨、验证大道应用在武术上形成武道的案例。

二、中国传统武术的当代定位

（一）武术真假的标准

很多人提到武术，第一个想到的就是"实战"，俗称"打"，并且把"能不能打"作为武术水平高低的唯一判断标准。我虽然不敢苟同，但也不能说这种看法完全是错的，因为在武术传承过程中确实是这样的。两人打擂，最后一个站着，一个躺着，站着的才有话语权。

古人对自然界的认识有限，对重力、惯性、反作用力等物理学知识不能做精准的描述，知识储备也远没有现在丰富，对于习武的过程中出现的各种现象和感受，不能用现代人容易理解的各种科学理论来解释。传统武术以防身为目的，围绕内劲的产生和运用而设置一系列方法，也是挖掘人体潜力的一系列方法。人体的细微变化在很多时候是不能用语言准确描述的，只可意会，难以言传！禅宗开悟也是这样。佛法超出了语言可描述的范畴，佛曰："不可说，不可说，说即是错。"因此，"达摩西来一字无，全凭心意下功夫。若在纸上觅佛法，笔尖蘸干洞庭湖。"传统武术的精华是要靠体悟的，除了师父口传身授，自己还要心领神会。

由于每个人的身体条件不一样，认知水平、文化程度不一样，同样的感受会描述成不同文字，更何况受年代局限，能运用的知识远不足以说清原理，因此围绕武术的争论和探讨最终都说不清楚，结果就是以比武论高下，谁赢了谁说的就对。所以习武的人好斗也是常事。久而久之，武者便习惯了把"能打"作为练武的唯一目标，也就把"能不能打"作为判断武术真假的唯一标准。虽说有一定道理，但客观来说，用"能不能打"来判断武术真假有些绝对化了。

随着社会的发展，现代人对武术的需求与以前不一样了，还沿用以往的标准来衡量它就有些不合时宜了。这就涉及对武术的定位问题，不同的定位会产生不同的衡量标准，后文会详细介绍。

（二）"能打"是社会环境的要求

武术起源于"打"、服务于"打"，说武术的根本就是"打"也没错！绝对没错！但那是以前。

古代人出门在外，有非常大的概率碰到劫匪，不但损失钱财，丢了性命都有可能。再加上战争时有发生，社会团体之间还有利益冲突，这就需要武力保障。武术的最重要作用就是"打"，但是这种"打"不是"搏击"，而是"搏杀""搏命"。练不好会丢了性命，能不辛苦训练吗？

我把传统武术的整个训练分为修正身法、换劲、练劲、用劲、实战五个阶段，再加上硬功夫训练，组成完整的训练体系，而搏击能力是经过各阶段训练后综合能力的体现。假设你花了十来年的时间，按照完整的体系训练，包括硬功夫，最终练成。那么你可以厉害到轻而易举地一掌把人拍死。如果是古代的擂台比武，签了生死状，你可以随意发挥，即便反应、速度、体力、体重都不如别人，但只要寻找到机会一掌拍死对手，你也会赢得比赛。但是在现代，我们是不允许打擂的，这是文明社会的必然要求。在现代，必须给比赛双方加戴护具才能比赛，为的是减少人身伤害。这样，你的硬功夫就没用了。硬功夫代表杀伤力，损失了杀伤力的武术，只剩下技巧了，相应地，现代比的只能是格斗技巧。应用场景反过来引导训练方法，既然训练杀伤力已经没用了，那为什么要训练？再进一步想，不训练杀伤力的传统武术所留下的不就是"花架子"了吗？

过去的三百六十行中就有武行，作为一种谋生的手段，可以开馆收徒，可以看家护院，算作一种营生。在过去，老百姓除了种地、打猎、做手艺活、做小生意外，就是参加科举考试，出路太少，相比之下，进武行混口饭吃还算容易。自古"文无第一，武无第二"，武风盛，是非就多，一言不合就开打是常有的事，所以没有实战能力则寸步难行。在这种社会环境的影响下，传统武术所体现出来的价值就是防身自卫、实战搏击了，也就涌现出很多靠实战立威、比武扬名的大师。我们的先辈们不断总结经验，逐渐领悟并运用了我们现在称之为物理学原理和人体科学等的一系列知识，经过多少代人的积淀和发展，形成了如今博大精深的传统武术。

如今国泰民安，经济繁荣，即便是给了你一身神功，可以轻易击败泰森，又有什么实际意义？看到这里，你可能会有不同意见，认为传统武术可以走职业化道路，对于这一点，后文会有详细的论述。

（三）传统武术修炼之难

接下来，我们看一下传统武术的正确修炼体系是什么样的，怎样才算是习武有成。

首先，传统武术修炼是围绕着"劲"展开的，其攻击力主要源于人的筋骨，而不是肌肉。人在日常生活中形成了以肌肉力量为主的用力习惯，所以传统武术练习者首先要做的是修正身法，然后换劲，即换掉以肌肉力量为主的用力习惯，形成一种以筋骨为主的新的力学结构。身法修正以后，人体重力重新分配，筋骨结构承担了肌肉原本承担的力量，肌肉才有放松的前提和可能，才能真正地放松。

修正身法以后就需要进行"换劲"了。换劲就是将原来以肌肉力量为主的发力改为筋骨发力，把零散、部分的用力整合为结构发力、整体发力，针对这个阶段的训练目标，各门各派都有自己的独到方法。换劲之后还要经过"练劲"环节锻炼筋骨，使筋骨越来越强壮，发出的力量越来越大。同时，还要根据本门特色，把发力、用力的原则融入招式里，形成拳劲并完美地表现出来。至此，拳劲上身，就要开始练习"用劲"了。

各门派练的内劲不一样，如用太极拳的招式就很难发出形意拳的劲力。太极拳的用劲原则是"舍己从人，引进落空"，而形拳意的用劲原则是"硬打硬进，起落钻翻"。

经过"用劲"阶段的训练后就可以进入实战训练了，但这并不代表"能打"。要"能打"，首先要具备杀伤力。没有杀伤力，所有的技巧都没有意义。对手站着不动，任你打来打去，你自己累趴下了，对手还没事，这样根本不是打。很多传统武术爱好者与人搏击的时候被打败的根本原因就在于没有经过完整的系统训练，尤其缺少劲力、杀伤力的训练。

所以，在进行上述各阶段训练的同时，还要强化训练指、掌、拳、腿、膝或其他部位，使之杀伤力增强。经过了前面各阶段训练之后，你的反应速度、攻击速度都相当快，在门派的技击法则已经形成条件反射的情况下，达到了"当者披靡"的水平，不但可以轻易拍到人，而且可以轻易拍死人，这才是传统武术应有的实战能力。当然，如果你不经过前面各阶段训练，只是训练硬功夫的话就会出现你一掌虽然有拍死人的威力，可惜你拍不到人，因此，也不叫"能打"！

真正的传统武术，必然要经过修正身法、换劲、练劲、用劲、实战和硬功夫等各个阶段的训练，这是一个系统、一个完整又科学的训练体系。

　　不过，想要在传统武术上有所成就，确实很难。修正身法、换劲、练劲、用劲乃至硬功夫和实战训练，缺一不可。没有良师指点，每一个阶段都可能耗费你多年的时间和精力，乃至有些习武者练了一辈子都不知道什么是身法。除了有充足的时间以外，还要有良师用心血浇灌，个人的知识储备、文化素养以及理解能力等都是至关重要的因素，其中任何一个因素出问题都会导致训练时间无限延长，最终影响训练成果。练习传统武术能有所成就，实属不易。

（四）武术技击是鸡肋

　　传统武术从产生到现在，一直是顺应社会的需求而变化的，不是一成不变的。现在很多人喜欢用实战能力来评判传统武术，显然是默认了传统武术的标准是一成不变的。殊不知，天底下没有什么是固定不变的，最稳固的不变只有《易经》里讲的"不易之易"！用唯物辩证法的观点来描述，便是"世界上的一切事物都处于运动变化中，没有不运动的物质，因而运动是无条件的、绝对的和永恒的。"

　　传统武术的发展也遵循这个规律，不同年代所体现出来的价值也不一样，或者说在传统武术的体系里重点表现的因素不一样。过去的重点是防身和技击能力，而如今更突出的是传统武术的健身和文化功能。

　　无论是重视武术的防身能力而否定其健身功能，还是重视其健身功能而否定其防身能力，都是片面的看法。就像枪里的子弹是哑弹，没打出来，不能因此而否定枪本身不能发射子弹一样，即便现在所有的传统武术习练者都不能"打"，也不能否定传统武术的实战属性，这是两回事。我们不需要向那些不了解传统武术的人和为了炒作而诋毁传统武术的人证明什么，因为前辈们早已证明过了。毕竟在传统武术大放异彩的年代，很多真正的大师留下了真实的事迹，有抵抗侵略者的程廷华，有打败各类挑战者的孙禄堂，也有打败西方挑战者的韩慕侠，等等。传统武术的实战能力不是现代搏击术可以相比的，只不过现在很少有人能接受完整的传统武术体系的训练罢了。现象是现象，本质是本质，无论现象怎么变化，本质是没有变的。

如今，那些固执地认为学武术一定要"能打"的人，就像是到了岔路口的行人，原本目标在正前方，可是后来目标发生了变化，再继续往前直行是死胡同，往旁边拐弯才通往目标。可是由于思维惯性，这部分人还是习惯性地往前直行，走入死胡同，甚至钻进牛角尖。这就像武术，原本其最大的作用是搏击，在遭遇不测的时候可以保护自己。此时的武术必然是追求"能打"，否则就是假武术。但是随着社会变迁，今日武术中搏击的意义已经不大了，人们对武术的需求已经从遭遇不测的时候保护自己转移到了强身健体、延年益寿了。如果还是沿用以前的判断标准，用能不能打来评判武术，那无疑是走进了死胡同，钻进了牛角尖。

有人说，我习武用来防身。假设你有一身神功，常常出门在外，也相当于过去行走江湖。过去行走江湖是靠双腿走，有钱人坐马车或骑马。但现在你可以坐着飞机、火车、汽车去。过去出行需要经过荒山野岭、乡野小道，而现在你经过的一般是飞机场、火车站、汽车站等人口密集的地方。可想而知，你这一辈子能碰上几次威胁到自身性命的情况？或者碰到几次歹徒威胁到他人性命需要你拔刀相助、挺身而出的机会？这个问题其实不用我回答，大家心知肚明。在如今的社会环境下，发生这种事情的概率很小。既然如此，那你付出那么多辛苦、练就那么高的搏击能力干什么呢？

有人会说，我"能打"了，谁欺负我，我就打谁，我可以不被人欺负。可是仔细想想，即便是正当防卫，还有防卫过当之说，如果依靠自身的搏击能力对他人滥施暴力，其结果就像当年师父对我说的："脚踩两院，不进医院，就进法院。"既然如此，你那么"能打"有什么用呢？

还有人会说，可以作为职业，养家糊口呀！从事职业搏击挣钱。要知道，如今工作机会非常多，维持生计比较容易。而传统武术需要经过"修正身法、换劲、练劲、用劲、硬功夫和实战"各个阶段的训练，需要花费一个人几年甚至十几年的黄金时间，此外还要理解能力高、师父肯花费心血培养，才能有所成就。成功的条件不但复杂，而且近乎苛刻。有些人没有找到好的师父，一辈子都没换过来劲，何谈练成呢？

回到开始的问题，如果现在再问"能打有什么用"，我想很多人都会无言以对。而这就是当今传统武术实战能力退化的原因。

前文说过，要练成传统武术，时间、明师、勤奋、知识积淀、理解能力缺一不可，即便具备了这所有的要素，最终练成了，但付出了这么多，只为了"能打"，在如今的社会环境里值不值呢？

（五）传统武术的三大意义

传统武术在当今社会的三大意义：防卫、健身和传统文化修习。

人们以防身、技击为目的发明了武术，但在武术发展的过程中，人们还发现了武术的健身价值，但起初健身价值只是副产品。前面已经说过，随着社会的不断发展，人们对武术防身、技击功能的需求已经转化为强身健体、延年益寿了，所以武术防身、技击功能不断弱化，而健身价值越来越为人们所重视。同时，武术的发展又促使人们用自己掌握的知识来阐释武术、总结经验，以便更好地理解和传承武术。

很多人练了一辈子武术，到最后才发现能让自己健康比"能打"更有用。现在很多人盲目崇尚武术，觉得"尚武精神"就是搏击，到处叫嚣武术必须"能打"，认为武术除了"能打"以外没有其他作用。他们片面地强调搏击能力，无形中被狭隘的思想束缚在一个小小的领域当中，忽视了社会环境对武术的影响。赛场上的搏击叫"运动"，生活中的搏击叫"打架"。我相信在不久的将来，人们会日益重视武术的健身和文化属性，从武术当中知行合一地学习传统文化，感悟传统文化的无穷魅力，达到强身和开智并举的目的。

在全民健身的大环境下，武术的强身健体和文化陶冶功能日益突出，防身和技击功能逐渐弱化，所以是时候顺应社会潮流，给传统武术重新定位了。除了从中汲取传统文化和修身养性之外，还有一句话说得好："详推用意终何在，益寿延年不老春！"——先辈们早已明示。

（六）如何定位传统武术

现在社会上有很多声音，认为传统武术应该改革。那么我们对传统武术究竟该抱有一种什么态度呢？答案是保持传承，重新定位！一方面，传统的核心修炼方法不能丢，传统武术里蕴含了丰富的内容：有文化，有养生，有防身技击。另一方面，强化我们现在需要的，弱化我们不需要的。传统武术的训练从来只有一个体系、一个方向。在这个方向上，从起点往前走 20 米，是理解武术，感受其背后的文化；往前走 50 米，是养生，可以发挥武术的健身功能；往前走 100 米，才是防身技击功能，也就是实战。

目前我们需要的是文化和养生，那么，我们应着重练习养生的部分、理解武术背后的文化。所以，我们在保证方向正确的前提下往前走 50 米就好了。100 米之后是防身技击和实战，当下我们不需要追求它，但作为中国人，我们有责任把先辈们的经验、方法留下来、传下去，等后世子孙需要的时候有法可依，不至于断了传承，否则他们还得从国外学回来。这真不是危言耸听。因为在国内，传统武术被贬损，现在越来越多的名家在国外传拳。甚至有一些武术高手被国人伤了心，干脆只传外国人，不传中国人。

三、传统武术与现代搏击的区别

说到传统武术与现代搏击的区别，很多人都认为，传统武术过去是用于战场杀敌的，有一些杀招不太适合赛场。还有一些以击倒对手为目的的技法，如"插眼踢裆"等也不适合赛场。诚然，现代所有的武术比赛都以保证选手的人身安全为前提。所以上述说法有一点道理，但这只是二者适用范围不同，并不是它们本质上的区别。

现代搏击的攻击力来源于肌肉发力，不需要经过传统武术训练的修正身法和换劲两个阶段。与之配套的格斗技术相对也比较简单。有很多人说散打和传统武术一样，也是脚底发力，然后到腰、肩，再到拳，也是整体力，其实不然。仔细分析会发现，进行散打、拳击时的发力虽然也是起于脚底，但其攻击力来源的本质可以用物理公式表示：动量（P）＝拳头的质量（m）× 速度（v）。蹬地、扭腰、送肩，然后出拳，是为了获得更快的速度、更大的惯性。通过腰腿驱动身体做小幅度旋转可以获得更快的出拳速度，从而加大攻击力。

但内家拳的整体力不是这样。虽然看起来同样起于脚跟、形于手指，但它不是用摆动身体带来更快的速度，而是整合全身以形成结构，脚下驱动，手上自然发挥威力。运用整体力攻击对方的时候沾衣发力，手直接打向目标，无须通过后撤来获得距离——两点之间直线最短。手在打向目标的时候，手上的肌肉并没有紧张和发力，身体自然跟上，同时脚下发力驱动，肩胯齐动，在手挨到目标的瞬间，肘和身体、肩和胯以及脚底发力产生的驱动力同时到达，这样全身同时发力，将蹬地的反作用力与身体的惯性、重力完美地结合起来，形成了爆发力。这样的发力模式，发透劲时，拧钻像锥子一样深入，发长劲时，又像推土机推土一样势不可当，显然与散打的蹬地、扭腰、送肩的发力方式不一样。这样的方式缩短了攻击距离，古人在不知道重力、惯性等科学知识的时候已经完美地利用了重力和惯性。

由此，我们发现其实古人通过自身的实践和体悟，所达到的高度是当今很多外国的训练方法无法企及的。那些盲目吹嘘外国的训练如何先进的人，其实根本不了解自己国家的文化和传统武术的训练思想，被一些肤浅的观点影响，人云亦云，抵触、诽谤传统武术和文化。所以在这里，我想与大家分享一个观点：一个现代的文明人，保持应有的理智和客观是起码的素养。不了解不等于不存在，不能因为不了解就大肆诋毁。这样做，有损于自己民族的尊严。

同样一个人，你对他说"矛盾是一分为二的，一个事物通常有对立和统一的两个方面"，他认为这是科学。可是如果说"一阴一阳谓之道"，他就会认为这是封建迷信、是落后思想。其实仔细想想，"阴阳"和"对立统一"只是描述同一个思想的不同用语而已。

我再举个例子。电脑的计算是用二进制，其数据用"0"和"1"表示，据说来自中国《易经》里的"阴"和"阳"。但是你对一个不知道这个关系的人说电脑的计算原理是"阴阳"，阴阳互相作用而生万物，他会觉得你在胡说，电脑怎么会与"阴阳"扯上关系呢！但是，如果你说电脑的计算用的是"0"和"1"的二进制，进而演化出各种程序，他会立刻认同。

不得不说，这是现代教育的一个缺憾。对传统的表达方式一无所知造成了文化上的断层，以至于出现了这样的怪现象：越来越多的外国人对中国文化表现出了浓厚的兴趣，而中国人却乐此不疲地贬低自家文化。

　　现代博击和传统武术的区别，用语言描述起来比较复杂，我尝试以散打为例，用下图来表示，如此大家就一目了然了。

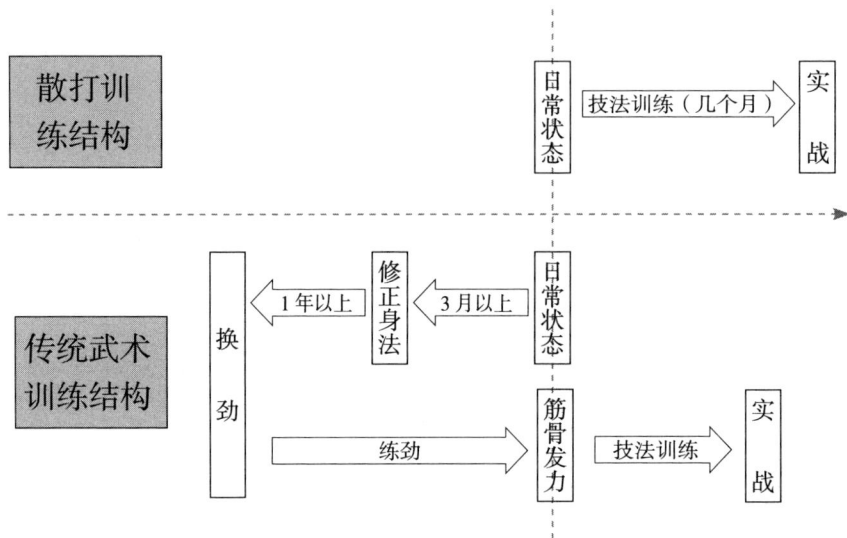

散打与传统武术训练结构的不同

　　上图表示得很清楚，散打等现代博击可以直接训练实战需要的拳法、腿法等技法，然后将这些技法用于实战。但是同样的思维就不能套用在传统武术的训练体系上了。传统武术的训练思维是先经过修正身法、换劲和练劲阶段的训练，学会了筋骨发力，也就是获得内劲后，到了用劲这个阶段才开始训练实战技法。每个阶段训练的目的不同，随之产生的训练方法就不同。再加上个人身体条件、思维偏好的差异，所以即便是同一个阶段，训练方法也会因人而异，难免有所差别。

　　如今真正懂传统武术的人很少，练到用劲阶段的人更少。很多人连劲都没换过来却开始研究用劲，甚至着急地想练习实战。实际上，练了几十年，天天讲放松，却连放松的真正意义都不知道；天天讲气，连气都没练出来，却偏偏喜欢把身体里的微动归结为气而大谈特谈，最终荒废了时间，最终连武术的门都没入。如此，连换劲都没换过来的人，又何谈练劲和用劲呢？

比如太极拳，的确是高级拳种，杨式太极拳仅用一个套路就可以完成从入门到高手的所有训练。但是只有极个别天才才可以用一个套路完成4个阶段的训练而成为大师。绝大部分人的悟性不如这些天才，所以一代人也就出一两位大师。如今太极拳习练者数以亿计，练到能用太极劲实战的又有几个人呢？

因人而异，因材施教。中国古代的哲学、中医和武术，都延续着这个思路。可惜今人对此没有做深入了解，只是盲目追求效率和速度，而不懂我们老祖宗的智慧。

反观现代搏击训练，不管男女老少，都用一样的技法实战，平时的训练内容和实战方法也是相同的。把这个标准硬套在传统武术上，肯定水土不服。

在传统武术的训练体系当中，在练习劲力的同时还注重硬功夫的训练。无论古代还是现代，兵器都是受管制的，退而求其次，苦练自己的拳、掌、指等部位，这样在实战中即使没有武器，也胜似武器。比如一个练鹰爪功的人的手指力量达到了可以捏断骨头的水平，实战时在手眼身法步等技法的配合下，只要抓住对方手腕就可以用力捏断。假设这样的高手面对的是现代搏击运动员，自己的前手离对方的前手不过几十厘米的距离，探手即可碰到，抓住其手腕的难度不大，此时只需抓住对方手腕用劲一捏，即可击败对手。这才是应有的传统武术实战情景。

记得以前有个电视节目，介绍一位练一指禅的同道，他的手指可以承受整个身体的重量。如果将80千克的重量集中在一根手指上攻击对方，在人身体上戳个窟窿不成问题，这样的攻击力在相应技法的配合下，实战威力让人恐惧。当然，我旨在强调传统武术训练体系的完整性，用现在的词汇来描述就是训练完成以后可以获得超强的攻击力、反应力和速度，有这样的基础才有资格去谈实战。没有硬功夫训练，就没有杀伤力；没有系统训练，就没有运用硬功夫的条件。二者兼得才是一个合格的传统武术练习者。

所以，传统武术和现代搏击从指导思想到劲力运用，再到训练方法，都不一样，完全是两种训练体系，不能一概而论。

四、传统武术修炼体系详述

武术修炼的直接目的就是拓展人体的速度、力量、反应能力，掌握格斗的技巧。传统武术由于在发展过程中不断融入中国的传统文化，所以形成了博大精深的文化内涵。这些文化内涵会对人产生潜移默化的影响，最终使武者以武入道。而针对用于防身自卫的各个要素——速度、力量、反应和技巧，传统武术的各个门派都有自己的修炼体系和方法。每一种拳术都是祖师爷在自身的身体条件、文化水平和机遇等多种条件的综合作用下形成的独特体系。比如太极拳要练套路、推手，咏春拳要掌握小念头、寻桥、标指、木人桩、黐手、实战的修炼体系。但是，把所有的拳术综合起来，提纲挈领地分析，我们会发现它们大致都需要经过"修正身法、换劲、练劲、用劲、实战"5个阶段，而且每个阶段又有很多种练法。

（一）修正身法

一个人从不会武术到练出内劲、进入武术的大门，中间的质变转折点就是身法要领。身法要领是产生内劲的前提条件，虽然简单，但却最关键。武术的根源在内劲，内劲产生于身法。身法不正，则内劲不生。

要知道，万丈高楼平地而起，楼能盖多高，取决于地基。简单地说，身法要领就是人体各个关键部位的细微变化，这个变化决定着人体的力量传导，差之毫厘，结果就会相距千里。身法要领不对，内劲就练不出来。传统武术的内劲是由人体筋骨主导的筋骨结构力。要想练成传统武术，首先就要改变身法，重塑自身的力学结构。而这就是我所说的修正身法阶段。

至于修正身法的方法，各门派都不一样，太极拳是在盘架子的过程中修正的，形意拳是用三体式桩功来修正的。对于初学者来说，这两种方法都比较难，所以我倡导用无极桩来修正身法。

无极桩既然以"无极"命名，就表明这是大道孕育的前提条件。无极桩看起来简单，实际上一点都不简单，往往被初学者忽视。有的人谈到无极桩的时候总是一掠而过，有的人干脆倡导怎么舒服怎么站、怎么放松怎么站。其实这个"舒服"是有前提的，否则躺下的时候是最放松、最舒服的，为什么人每天躺七八个小时，却没能练出功夫来？工厂流水线上的工人因为长期站立，必然会找最舒服的站姿，然而他们也并没有练出功夫来。显然这样的理解是错误的。我这里把无极桩的重要性再强调一遍。

关于无极桩的详细练法，在本书"内劲修炼"里会有非常详细的说明，更多初学者可依此更顺利地踏入传统武术的大门，一窥传统武术的魅力。

（二）换劲

换劲是传统武术修炼的重要一环。武术中攻击对手的力量俗称"劲"，是松开肌肉，由筋骨支撑形成的筋骨结构力，配合相应的训练筋骨的方法就会形成"跌人丈外"的内家拳劲。有了这个劲，武术的修炼才算入门。如果没有这个劲，只练套路、盘架子，就算再辛苦也还是与广播体操一样。

所谓换劲就是把肌肉用力习惯改成筋骨用力习惯。各门派的换劲方法不一样，太极拳用套路，八卦掌用转树，形意拳用站桩。目前，多数拳种都认可的一种简单快捷的方法就是站桩。在静立不动的状态下，体会身体肌肉松开、筋骨支撑的感觉，慢慢形成习惯。筋骨之力就在静立当中渐渐增长，逐渐强大。

当然，桩功不是随便一站就可练成，人体在日常生活中形成了自然的用力习惯、身体的重力承受习惯，改起来很困难。一般来讲，站桩讲究3个月定型，也就是"百日筑基"。用100天左右的时间来掌握桩功的要领。练成桩功要求的身法之后才可以开始着手训练换劲。虽然它们动作一样，但是练法却相差很大。

前100天修正身法，师父不断纠正，使之形成身体记忆，最后身法不再变形，这个阶段才算完成，之后才可以进入正式的换劲训练。此时，桩功就是个载体，想练什么劲、想要达到什么效果，就可以给桩功做不同的安排，通过借假修真的方法，练出不同的效果来。

桩功的具体要求各不相同，但是基本的身法要求是相同的，具备了这样的身法，架子才算搭成功了。

身法要领是虚领顶劲，含胸拔背，沉肩坠肘，尾闾中正，涌泉吸空。要点涉及涌泉、曲池、肩井、会阴、膻中、百会等穴位。关于这些要领怎么做到，传统的师传领域都是只可意会不可言传的，因为这是很抽象的东西，师父描述出来，弟子也不一定能听得懂，即便听懂了，身上的感觉未必有。要用科学、通俗的话说明白还真不容易。

当初师父教我虚领顶劲的时候，说像肉钩子钩着肉、像顶着一张纸。我一直以为自己理解了，可是直到有一天我自己真的做到了，才知道原来的理解都是错的。我用了一年多才突然找到这种感觉，找到之后想换一个更明白的描述文字，苦苦思索良久，还是觉得师父的描述比较贴切。

直到今天，综合了很多知识，才可以把它用通俗的语言描述出来。具体细节我会在后面的文章里与大家分享。

（三）练劲

练劲首先要练整劲，以整劲为基础再练拳劲，是为内劲。

在练成整劲之后，练劲的内容包含增长功力和发劲两部分。增长功力主要通过桩功和单操训练来完成，目的是强化筋骨，使自己的身体能发出的整劲越来越大，这相当于在做一个炸药包，里头装多少炸药，直接决定最后的爆炸威力。

而发劲，就是引信。传统武术不会发劲就好像炸药包没有引信，无论有多大威力，终究不能发挥。武侠小说里有一个例子，段誉悟性高，看着剑谱就学会了六脉神剑，但是有时不起作用，原因就是不会使用内力。最典型的是《神雕侠侣》里的觉远和尚，身怀九阳神功，内功绝顶，却不会使用，实战能力大打折扣。这虽然是小说里的虚构，但是道理相似。

站桩求劲的结果是筋骨力形成整劲，之后怎么用才是关键。换劲就相当于练"九阳神功"，发劲指的是最简单的使用方法，二者都是传统武术的核心部分，缺一不可。

发劲是把筋骨力经过训练正确地发出来，并让对手完全承受。这也是武术训练的核心之一，因为没经过训练的人一拳打到对手身上，力量会有内耗，对手承受的力量小于拳头拥有的力量。而通过传统武术训练的人一拳打到对手身上，不但没有内耗，力量还会集中爆发，对手要承受的力量等于或者大于拳头拥有的力量。这个道理不易用文字描述，后文做详细的解释。

普通人的自然用力习惯基本上是肌肉发力，在攻击对手的时候，只有拳头捏紧、攻击距离拉长才能获得更大的动能。这其实符合物理规律，因为攻击的力度等于质量乘以速度，学过经典物理学的人都知道。但是这种攻击方法是利用拳头的惯性去攻击，是最原始、最粗笨的方法。当然，我并不是说这样发出的力没有效果，有的人用这样的方法也能发出非常大的力量。但是这样的方法对于练习传统武术的人来讲非常浪费体力。因为先捏紧拳头，再向后拉拳，然后用力攻击对手，暂且不说在这个过程中拳头运行的距离要远很多，相应的反应也要慢很多，单说攻击力度也是要大打折扣的。试想，肌肉在紧绷的状态下，从远到近地攻击对手，在这个过程中力量是有内耗的。一方面，胳膊的挥舞也是要消耗能量的；另一方面，肌肉紧张导致肩膀的力量不能顺利传导到肘上，肘上的力量不能顺利传导到拳头上，拳头的力量再大，因为不能全部释放到对方身上，那么打出去的拳还有用吗？拳头打到对手身上，对手承受的打击力量仅剩了原力量的几分之一。所以普通人都是自我感觉良好，觉得自己的力量很大，设想总能一拳把拳手打倒。其实，我们指挥自己身体的能力远远逊于专业武术运动员，往往是眼到而手不到，达不到意想的效果。

而传统武术训练要求放松肌肉，目的不光是要将肩膀的力量传导到手上，而且要训练出把脚底蹬地的力量通过腿、腰、脊柱、手臂传导到手上，再通过手来完美地释到对方身上。整体力、穿透力、爆炸力等都是从这个过程中衍生出来的不同发劲力的方法。在攻击过程中不但不消耗自身力量，而且在贯穿的过程中叠加力量，将全身的力量集中到一点上。这个过程是个逐渐扩大攻击效果的过程，因此发劲的方法就显得尤为重要。这里简单介绍几种传统武术范畴中的内劲，以做抛砖引玉之用。

1. 整体力

整体力就是整劲、合劲，是内劲的核心。平常说合劲，"合住合不住"，说的就是有没有整劲。整劲在太极拳里叫掤劲，在大成拳里叫混元力、六面力。各个拳种的术语不一样，但是基础劲法是一样的。在整劲的基础上，才能衍生出符合本拳种技术特点的拳劲。拳劲其实是把整劲融合到本拳种的招式当中去，在本拳种的用劲原则上把整劲用出来。比如说，太极拳要实现粘连黏随，首先要用掤劲来接劲听劲，然后再引进落空以合劲发出；而形意拳则是硬打硬进，拧裹钻翻。这只是应用整劲产生的不同技巧，俗称"打法"。

前面仔细分析过，各种内家拳的基础劲即整劲是一样的，没有分别。有了整劲，说明体内产生了内劲，用这种内劲攻击对手，自己感觉不到用力，而对手已痛苦万状。如果在整劲的基础上练成了劈拳，是不能直接用人来试劲的，因为初期不能收、发由心，自己出手感觉不到用力，却总想打得狠一点，殊不知正常人根本无法承受劈拳一击，因为劈拳合住劲一击，可以轻易把人的胸骨击断。

如何练出整劲，各拳种都有自己的方法，但是就我自己的训练及教学实践来看，三体式是练出整劲的最快方法，这也就解释了为什么形意拳门派收徒要求"入门先站三年桩"了。不管你会多少套、练了多少年，只要你身上没有整劲，就意味着根本没有入门。

有了整劲做基础，才能研习其他劲力，比如穿透力和爆炸力。用拳头打人，需要从远处开始用力，距离越长，力量越大。而沾衣发劲是放松肌肉，在贴住对手的时候发劲，这种发劲没经过训练是做不出来的。由于拳头贴住对手的身体，想按照普通方法来发力的话，因为没有了可提供出拳速度的距离，产生不了惯性，所以就没办法产生杀伤力。而内家拳的整体力是将原来出拳需要的距离换成了身体内部的劲路，恰恰能在此时发出最大的功效。整劲，顾名思义，就是全身上下形成一个整体，最好理解的也是大家最常用的比喻就是身体上下一体，仿佛是一整块铁。此时全身筋骨同时发力，将瞬间产生的撞击力转移到对手身上，拳头只是一个"连接器"的作用，就像汽车撞人一样，汽车停了，人却飞出去了。

2. 穿透力

陈国坤演的《李小龙传奇》里面有李小龙评价咏春拳和王家脚的桥段。他说咏春的脚踢在自己身上，就像榔头钉钉子，劲儿往里头钻；王家脚踢在自己身上，就像大棒抡着打。他的话用于描述内家拳和外家拳的劲力效果也不为过。榔头钉钉子就是穿透力。内家拳的厉害之处就是可以伤人内脏，而伤人内脏却不折断筋骨的效果就只有穿透力能做到了。一记直拳打到对方身上，严重的会打断骨头。但是如果让这一拳在发出后产生一点旋转的话，那么发出的力量会沿着旋转的方向呈螺旋状渗透到对方身体里，其结果就是骨头虽然没断，但是内脏却受伤了。这一拳的力量穿过了骨头，由内脏承受了。

3. 爆炸力

爆炸力很好理解，就是把全身的力量集中到一点上打出，并且在打出的时候瞬间爆发。这其实就是变相的整体劲。整体劲产生的撞击效果是可以把人扔出去，功力深厚者可以做到传说中的"跌人丈外"。这个劲习惯上叫作长劲，可以让人后退而不会使人受伤，因为人的后退过程是可以化劲的。

如果同等力量在接触对手的一瞬间爆发，让对方在来不及化劲的情况下身体完全承受这些力量，这就是爆炸力，习惯上称为短劲。这样的劲是会伤人的，而这种劲的典型代表就是咏春的寸拳。

通过上面的解释，我想大家应该能明白内家拳的发劲方法有多么重要了。了解了传统武术训练的体系、环节、步骤和原因，大家就可以在训练之前先弄明白到底为什么这么练，这样练起来就事半功倍了。

关于发劲方法，在解释这几种劲力的时候已经介绍过一些了，整体劲的发劲方法将在后文的桩功发力中详细介绍，这里就不赘述了。

（四）用劲

用劲就是使用内劲、发挥内劲威力的方式，或者说是运用内劲的技巧。单操和套路是训练用劲的主要方法之一。

套路是承载着传统武术修炼内劲、发劲和实战技巧的训练方法，也是传统武术的重要组成部分，练套路是很多传统武术修炼的必经之路。前文介绍过，武术训练的本质就是获得远超常人的反应能力、力量、速度和攻防技巧。可惜的是，由于传承的弊端和对武术理解的不到位，今天套路成了仅供表演的"舞术"。问一问练套路的人，这套拳练的是什么内劲、这种内劲怎么发出，十有八九他们是不知道的，包括科班出身的武术运动员。一个武术套路如果没有了训练内劲和发劲的部分，相当于丢了灵魂的人。如果把传统武术的套路与内劲、发劲和实战技巧分开来练，那么恐怕连体操都不如了。套路里训练的技巧是以实战为目的的，技巧又是以内劲和发劲为基础的。抛开了内劲练套路，那就是无源之水、无本之木。

套路到底怎么练？

前文说过，套路是以内劲为基础的，首先要明白本门拳法的内劲是怎样的，然后通过练桩功完成换劲，等有了劲力，再开始练单操，之后才是练套路。套路是高度综合的训练方法。练套路的时候每个招式都要遵循内劲的运行规则，要让内劲来支配套路的动作。等到内劲运行可以配合套路动作的时候，再练发劲，这样就可以通过练套路来一起训练内劲和发劲了。等到套路里的动作全都可以用来发劲了，就该在练套路的时候加入实战的概念，强化反应，训练身体的条件反射。

　　加入实战概念之前的阶段，称为讲手。讲手是指师父把套路里每个招式的实战意义给徒弟讲明白，每个招式固定的用法是什么，变招的劲力怎么走、怎么变。通过这样举一反三的变化训练，达到"因敌变化示神奇"的效果。有的讲手又叫拆招，它们的意义和效果是一样的，目的就是把当时串起来训练的各个招式再一招招地拆开以学习内劲、发劲和技巧，最后忽略招式的概念，形成实战运用的条件反射。只有经过这样一系列的训练，取得良好的成果之后才能接受实战训练，最终成为一个真正的传统武术修炼者。

　　讲手的时候为了让徒弟快速掌握技术，师父往往亲手示范和配合，术语叫喂劲。师父往往会按照套路招式的既定假设去进行实战训练，徒弟在这种模拟实战的过程中逐渐练出实战需要的反应和技巧来。

（五）实战

　　实战是以应用内劲为基础的搏击技巧，非有艰辛的训练不能成就。在经过了换劲、发劲、用劲的阶段训练以后，才能进入实战训练。实战的目的是运用所练习的劲力，而不是瞎打。

　　老话讲："立规矩，破规矩。"实战就是要把前面通过训练固化的习惯再训练到可以灵活运用，就是要破了以前立的固化规矩，从而进入武术的最后阶段——无招胜有招。

内家阐秘

一、武术练的究竟是什么

我个人学识浅薄，无法给武术下定义。我只知道，中国武术植根于中国几千年的文化当中，承载着传统文化的精髓。我曾在大学里做过有关武术的讲座，阐述过武术的文化内涵。武术包含哲学、宗教、医学、美学、兵学等知识。讲飞檐走壁，练武术未必比得上现在的跑酷；讲力量，未必比得上举重运动员；讲平衡，未必比得上体操运动员。可是当武术把所有的知识综合到一起的时候，就达到了令人惊异的高度和效果。武术吸收其他学科知识，不是做简单的叠加，而是将它们融合到一起，自成体系。

那么武术的魅力究竟在哪里，武术练的又是什么？

所有的武术门类，归根结底练的就是力量、速度、反应能力、攻防技巧。只要你拥有了这几种超常水平的技能，你就能获得很强的格斗能力。而正是在追求这几种技能的过程中，中国传统武术形成了百花齐放的流派和拳种。说到底，各门武术的评判标准，不是某一个人厉不厉害，而是本门武术获得这几种技能的方法好不好。这就好像登山一样，从四面八方都可以登顶，但是哪条路短、哪条路长、哪条路险、哪条路平坦，我们要有所了解。在众多不同的路中，选择一条适合自己的路，对于自身而言可以扬长避短，尽快登顶。所以说各门武术的地位是平等的，但是获取上述 4 种技能的方法却各有长短，面对形形色色的修炼者的自身特点，难免有适合不适合之说，这也就有了高低之分。

（一）攻击力

请注意，我说的是攻击力，而不是力量。物理上的力的大小取决于重量和速度，也就是说，你的拳头越大、速度越快，所产生的力量就越大，所以未受过传统武术训练的人打人的时候首先需要把拳头（手臂）向后拉，然后再打击对方，这样才能达到最大的攻击力量。

稍微了解一点内家拳的人都知道，传统武术不是这样。内家拳讲内劲、讲发力，咏春拳的寸劲就是典型，所以武术修炼从来就不同于体育训练方法，当然我们并不否认体育训练能练出更大的力量。可是，自身力量大就一定能使对方受到大的伤害吗？这就产生了攻击力的概念，物理学上叫作用力。

在实战中，从准备出拳到打到对方身上的过程中，我们发出的力量会逐渐减弱还是逐渐加强？打到对方身上的时候，对方的身体是会缓冲、分散力量还是完全承受我们发出的力量？而对方承受打击力量的是肌肉还是骨骼，抑或是其他部位？如此等等。以上都是传统武术需要思考和解决的问题。传统武术有很多种劲，典型的劲力有爆炸力、穿透力、撞击力、寸劲、螺旋力，等等。从外在来看，训练的目标是走最短的路线，但是又要产生最大的攻击效果。实现这些目标，有千千万万的方法。所以无论是单式、功法，还是套路的训练，重视的首先是能不能练出本门武术中要求的攻击力和攻击效果，绝对不是指肌肉力量的大小。否则，举重运动员就可以称霸武林了。

（二）速度

武术是要求速度的，而且速度越快越好。当然很多人会问：太极拳怎么不要求速度呢？那么慢，怎么打人？要知道，太极拳的慢，只是训练方法。只有放慢速度，才能体会太极拳的各种追求，比如说放松、发力、神意。对于普通人来说，在快速的运动中是无法体会到这些精妙之处的。所以太极拳要放慢速度来练，当然，这种慢练的方法，可修炼的不仅仅是速度。

在实战中，太极拳讲究以慢打快，后发制人，但是怎样才能达到这样的效果？答案是在同等速度下在距离上做文章，所以有舍远求近之说。举个简单的例子来说明。在实战中对方挥拳攻击我的头部，对方的拳头距离攻击目标大概一米。用太极拳的打法是粘连黏随、引进落空，先粘住对方的手，然后随着对方的运动轨迹找机会近身攻击，首要目标是对方的手。要与对方的手接触，如果直接去迎击，那就硬碰硬了，显示不出太极拳的高明之处，所以太极拳要在对方的拳头打到自己身前的时候粘上为佳，此时对方的拳头伸到极点，正面力量虽然很大，但是侧面力量却是最弱的，利用杠杆原理横向粘住，仅用一点点力量就足以把对方来势汹汹的一拳化解掉。在这个过程中，我的防护手到我的头部距离一般不足半米，因此在相同的情况下，对方拳头攻击一米，我仅需要用防护手移动半米，速度可以比对方慢一半，这就是舍远求近。在外人看来，以慢打快的秘密便源于此。

尽管理论上可以比对方的速度慢，但这只是相对的，在绝对速度方面，太极拳也是要着重训练的。太极拳的"以慢打快"其实取决于对方的速度，对方的速度快，我也要快，如果对方的速度比我快很多倍，距离上的优势已经不足以弥补速度的缺陷，落败就是自然的结果了。《太极拳论》里"动急则急应，动缓则缓随"说的就是这个道理。当然，实战千变万化，能不能恰当地应用这些原理，就看自身的修炼水平了。

在发劲上，一般的发力方法都是要先将自己的手臂往后拉，形成一定的距离，然后再把拳头挥出去。距离越大，挥拳速度就越大，攻击力则越强。而太极拳等内家拳的发力却不是这样。内家拳发力时无需将手臂向后拉，而是直接从攻击手的位置朝对方身体而去，而且在这个过程中手臂的肌肉要保持放松，在自己的手挨着对方身体的瞬间合劲发力，称为"沾衣发劲"。这时候自己的手与对方的身体几乎没有距离，对方难以躲避，而最后产生攻击力的速度是自己的手把劲发到对方身上的一瞬间的速度，非常快。这也说明想要发劲更强大，发劲瞬间的速度就要更快，进而说明即便是"以慢打快"的太极拳也是要训练发劲速度的。

（三）反应

反应不够快，即使拥有再强的攻击力都没用。对方来拳时不知道躲闪防守，对方出现了破绽也不知道趁机出击，如何实战？

训练反应能力的方法有很多种，各门传统武术的训练大同小异，传统武术和散打之间差别较大。

我们先说说散打的训练。去过散打训练馆的人都见过，教练随机出手靶，学员使用各种拳法来快速击打手靶。这种方法主要是先期教练出手靶的姿势和学员需要出的拳法做一一对应训练，然后教练随机做出各种姿势的手靶，学员要尽快做出反应，从教练的手靶姿势上判断自己应当使用什么拳法，并且准确无误地击中目标。这种方法是一种综合训练，虽然主要训练的是反应能力，但是速度、击打力量甚至体力也都连带训练了。

传统武术的反应能力训练是在换劲和发劲的基础上展开的。当然，换劲和发劲的练习离不开套路。现在很多人不知道套路练的是什么，或者当体操一样来练套路，越来越多的人习惯性地认为套路就是武术。

当徒弟在套路中完成了换劲和发劲，就需要训练反应和实战能力了。此时师父往往会教徒弟把套路拆开，把一招一式的实战用法讲明白，然后要求师兄弟之间对练。这种对练是一主一辅助的，辅助的一方模拟实战出招，给训练的另一方创造使用套路里招式的环境，这相当于散打训练当中把手靶姿势和拳法一一对应起来。辅助方配合，创造使用招式的环境，训练的一方则要以最快速度判断出应该使用的招式并完成动作，还要将训练出来的劲力发到对方身上。这种对练也叫拆招、讲手。将这种反应训练为条件反射，获得非常快的反应能力和速度后就可以通过散手来训练实战技巧了。所以说，传统武术的反应训练是靠对练拆招来完成的。可惜的是，在训练当中，不少人错把反应训练当成了套路表演，不知训练目的而盲目训练，结果是自己不能实战，还误导了大众，把套路当体操，把对练当演戏。

我一贯主张对于传统武术的各种训练方法首先要明白拳理和目的，然后不忘初心地刻苦训练，方能事半功倍。否则一步错，步步错，白费许多时间和精力，最终对武术失去兴趣。

（四）技巧

传统武术的技巧是分流派的，各派的特点和要求不尽相同，因为各个武术流派都有一套自己的训练体系，环环相扣，不可分割。

比如太极拳讲究的是以小博大、以弱胜强，它首先要求做放松训练。肌肉放松，筋骨支撑，完成第一步换劲。然后劲起于根、发于腿、主宰于腰，从而形于手指；上下九节劲，节节贯穿，从而发出劲力，这便是懂劲。懂劲意味着自己身上积蓄了强大的攻击力，不但能够产生强大的力量，还能顺利地将自己的力量发到对方身上。然而光有这些是不足以实战的，还需要配套的技巧来帮助，从而将自己的力量完全发到对方身上。这些配套的技巧便是太极拳的招式，只有太极拳的招式才能完美地展现太极拳舍远求近的攻防技能，才能将太极拳的内劲完全发到对方身上。

如果你也练武，你可以尝试一下用太极拳的劲力打一遍形意的五行拳，或者用形意硬打硬进的劲力打一遍太极拳套路。我想象不到这是什么组合，我也做不到，连身体都在反抗。古人说"练拳容易换劲难"，如果一个人对你说他会少林罗汉拳、咏春拳、通背拳，还会太极拳、螳螂拳、醉拳等几十套拳的时候，你可以扭头就走。此人肯定是仅会套路的"体操能手"，只会空架子而已。咏春拳的贴身近打和寸劲爆发，与通背拳的放长击远是相悖的，通背拳的招式发挥不了咏春拳的寸劲，咏春拳的短打也发挥不了通背拳的劲力优势。我想强调的是，每一门武术都有独特的劲力以及配套的技击方法。武术训练都是成体系的，光学套路根本不算学武术，初学者必须明白。

所谓的技巧，在传统武术的范畴内，就是把套路按照攻防意义拆开，训练成了身体本能反应，在实战中灵活应变，其目的就是将本门方法训练出来的内劲发到对方身上，给对方造成伤害。

所以练武必须明白，套路也好，其他训练方法也罢，训练目的就是要训练并拓展人体的攻击力、反应力、速度和技巧。而健身养生是训练过程中的副产品。明明白白练拳，才能事半功倍。

二、内劲究竟是什么

武侠小说中常认为内劲是身体里的某种气体，故称之为内气。随着人的意念运动，内气可以产生强大的攻击力。后来又有人把这种气归纳为一种能量。这种能量通过不断积累、淬炼、调用，越练越多。如此种种，不胜枚举。

实际远非如此。

其实对于内劲，很多武术大家都有过描述。

孙禄堂在《形意拳学》里说："所谓虚无一气者，乃天地之根，阴阳之宗，万物之祖，即金丹是也，亦即形意拳中之内劲也。世人不知形意拳中之内劲为何物，皆于一身有形有象处猜量，或以为心中努力，或以为腹内运气，如此等类不胜枚举，皆是抛砖弄瓦，以假混真，故练拳者如牛毛，成道者如麟角，学者不可不深察也。以后演习操练，万法皆出于三体式，此式乃入道之门，形意拳中之总机关也。"

也有老前辈感叹："习拳有好言气者，动辄说周天，悟气感，自寻苦恼，渐落虚幻不实之境。却鲜有人读经脉之说，真求其解，每思之，良可叹耳。站桩习拳苟能真松者，不言气者多，而专一言气者少，是日日站桩而不妄想者得，自视聪慧而搬运气息者无所得。"

"虚无一气"在形意拳的拳谱、拳诀中一直沿用：劈拳，一气之起落也；崩拳，一气之伸缩也；钻拳，一气之曲曲流形，无微不至也；炮拳，一气之开合也；横拳，一气之团聚也。

这个"一气"如果理解正确了，就会明白形意拳的内劲和五行拳劲；如果理解不了或理解错了，那么失之毫厘，谬以千里。这里的"一气"是一个词，并不能拆开理解成"一种气"。

五行拳里的"一气"指的就是"虚无一气"。而"虚无一气"要从古人留下的口诀里去理解："道自虚无生一气，便从一气产阴阳，阴阳相合生三体，三体重生万物张。"

武道从无到有的关键便是身法要领，所以身法要领是合于道的。道生"虚无一气"，这个"虚无一气"便是从身法要领练出来的，那身法要领练出来什么呢？答案很明显——整劲！

三、气究竟是什么

武术当中的气可谓无处不在。很多师父在教徒弟的第一天就告诉徒弟要气沉丹田。作为徒弟，因为刚接触武术，自然会有疑问——什么是气？气又怎么沉在丹田？

道家炼丹也需炼气，很多内家功法都讲气，硬气功也讲究炼气、用气，但这个道家炼丹的气和气沉丹田、硬气功的气是否一样呢？

这些年与很多同道交流，我发现，很多人不管自己练到没练到，总是对"气"大谈特谈，而且凡遇到不能解释的、不知道的，就往"气"上靠、用"气"来解释。奇怪的是，貌似很多同道都特别愿意接受用"气"来解释的答案，尽管他们的身体根本没有实证出气来。

这种对气的滥用反倒启发了我——气在不同的地方代表的东西并不一样。古人描述能力有限，对于模棱两可的事物也许与今人一样，喜欢用气来代表。代表的东西多了，就越来越难以区分，因此，很有可能出现此气非彼气的情况。所以要想理解拳谱里的气，就必须还原创作拳谱的作者当时的客观环境，从他体悟到的感觉入手，方能理解其写出来的文字所表达的真正意思。

古人的表达方式与今人不同，又因为每个人的认知水平不一样，自然会导致不同的理解，但是，拳练对了，人的体悟却是一致的。比如，

"含胸拔背"是太极拳的叫法，在形意拳里称作"胸圆"和"背圆"，是形意拳三圆当中的两圆。描述虽然不同，但体悟到的感觉是一样的。

　　在这里，我也试图用这种方法来理解古人说的气，用现代人能懂的知识与古人的描述做个对接，方便大家理解。对于气，最初的时候，我也很困惑。记得当时某杂志上有一篇文章，好像叫《混元金刚护体功》，宣称每天练十分钟，三天可"得气"；十天下丹田可成刚柔相济之"混元气团"；三十天运气护体，全身抗打；百日气通周天，以气发力。当时我读初中，在放暑假之前就计划趁着放假抽出三十天时间训练，开学的时候便神功大成，届时便可以出战外国职业拳击手，为国争光了。于是我非常刻苦地训练了一个暑假，远远超过三十天。按照书上说的，我以为自己不但"聚气成团"，而且已经达到气运全身、"罡气护体"的境界了，马上就要天下无敌了。可是静下心来仔细想想却发现，这"罡气护体""气聚丹田"的效果，我自己毫无感觉，与练之前相比也没感觉到有什么进步，别说是"聚气成团"，我连气是什么东西都感觉不到。当时只是觉得可能是自己练得不对，后来才发现，这类功法本就是忽悠小孩子的。即便是气功训练，也要以正确的身法为基础。身法不正，气血不能畅通到理想状态，脱离了实体"形"的支持，"意守"和"气"便没有存在的基础，又何来的"聚气成团"呢？

　　武术一代一代传承了千百年，这些概念就是这么传下来的，所以初中时期我一直坚信气的存在，而且认为这肯定是一种能量，不但能像气体一样在体内流动，还能用到身体外面伤人于无形，姑且称之为"能量流"。当与别人交流，得知别人也这么认为的时候，我就像找到了证据一样非常开心。其实两个人不一定对，有可能都错了，但是由于符合了自己的心理预期，便莫名地认可，这也就是如今社会上伪武术存在的原因。中国的道文化的影响根深蒂固，与之相近的玄学也就为人们所乐于接受。一个人想宣传自己，利用这些大众心理和偏好，效果往往惊人。毕竟有道文化和武侠文化做基础，如果营造一些符合大众心理预期的神秘感，再加上基础练法带来一定的健身效果，那么吸引力就会倍增。而大众往往看到这些初步的效果，就盲目相信复杂的附会内容。

而关于当时我自己认为的气是"能量流"的观点，现在想来，也是错的。我们都知道，凡是发力，必产生与作用力相等的反作用力。步枪发射出子弹，后坐力很大，这个后坐力就是发射子弹的反作用力。如果内气可以外放产生力量来攻击对手，那么第一个问题是内气是怎么产生或者转化成力量的？如果这个力量从自己身上发出，那么反作用力由什么部位来承受？承受这个反作用力的地方，我们叫作"劲源"或者"根"。如果气能脱离人体而独立承受反作用力，那么气作为一种能量以产生力量是有可能的。如果不能，那气是一种"能量流"的想法是没有依据的。

所以，学武术一定要知行合一。读万卷书，还需行万里路。从脑子想明白到身体体悟到，相差何止十万八千里。何况脑子想明白的大多是脱离体悟的空想，是假的理解，不是真知。当然，我不是否定合理的主观能动性。正确的读书、理解是汲取前人经验、引导自己悟拳的必经之路。我否定的是好高骛远的空想。因为这种空想脱离了实修的方法。有句话叫"不遇真师莫强猜"，强猜只是空耗心力，于修炼无益。中国文化里有"中庸"的思想，即任何事都需要辩证看待，都需要适度而行。做不到位，效果不好；做过了，过犹不及。个中真意，非实证无以体会，只可意会不可言传。所以读万卷书不如行万里路，行万里路不如明师引路！

（一）少林拳里的气

天下武功出少林，少林拳里的气如何理解？现如今少林寺武术比较出名的是硬气功，硬气功如何练气和运气，本人没有修炼过，不敢妄言，不知道不等于不存在，所以先略过不谈。下面我尝试从古人体悟的角度来说说武术当中常讲的气。

先研究一下气沉丹田。

《少林拳谱》有言："扎马步，而后能气沉丹田，则强如不倒之翁，虽有大力推挽，亦不为之所动。"

正如本章一开始提到的，往往徒弟第一天练武术，师父就会告诉他要气沉丹田。在武术传承中师父是绝对权威，徒弟即使不懂也不敢乱问。大部分人似懂非懂，在练习过程中不会刻意琢磨字句、推敲字眼，也正是因为体悟在先，歪打正着，传承了武术。但也是因为如此，很少有人说得清楚概念，导致后人误解、滥用，乃至盲目谈气，以讹传讹。

现在我们来分析一下《少林拳谱》上的这句话，我们先从目的来分析。这句话的意思是，气沉丹田之后产生的直接效用就像不倒翁一样，别人推不倒。然后，我们倒推：别人推不倒与气沉丹田有什么关系？气沉丹田之所以能产生别人推不倒的效用，就是能让人像不倒翁一样。不倒翁是因为它下身重、上身轻才推不倒。那么气沉丹田为什么能让人下身重呢？如果气是一种能量，那这种能量有重量吗？是气本身的重量沉到丹田以后产生了这种下身沉、上身轻的效果吗？再者，既然名曰气沉丹田，那说明气原本不在丹田，而在丹田的上方，那么在沉到丹田之前，气在哪里呢？人又如何感知到气的存在，用什么方法来引导气沉入丹田呢？我没见过有练出气的人，所以无从得知。至于身体上的热胀麻凉等种种"气感"，不过是气血微调产生的正常现象，自然也不能证明什么。

《少林拳谱》中说先扎马步，然后能气沉丹田。我们就从这个马步开始，体悟一下气沉丹田，进而探讨古人描述的气是什么。

当我们扎个马步，稳定好身形的时候，最直观的感受就是稳当，稳当的原因是重心降低了。就人的身体而言，重心在腹部中间，上半身的重力靠居于腹部的重心点承受，然后再通过腰传递给下肢。做标准的马步时尾椎自然前靠，腰椎就变直了。这样就形成了一个非常好的重力传导结构，上半身的重力经由腹部重心点传导到腿上。如此一来，下身稳固而沉重，上身轻灵，是不是就像不倒翁一样下面重而上面轻了呢？

我们在马步扎稳、做到类似不倒翁的下重上轻后想一下，我们体会到了气吗？显然没有。我们体会到的是重心和重力。腹部重心点是不是与丹田的位置重合？我们体会到的不是气沉丹田，而是重心放到丹田！如果你是古人，还不知道地球引力，人体有重心的时候，你会怎么描述重心下降的体会？我想在古代，用气来描述应该是最好的方法了。而今人不假思索，想当然地用现在的知识来理解古人的话，把气当作气体或者想象成能量等，穿凿附会，故作神秘，真可谓谬以千里！

我再试着用重心解释一下上文用气解释不了的问题：在重心下降之前，重心在哪里？在用"虚领顶劲"和"含胸拔背"来修正身法之前，人的头部重力由颈椎承担，所以在人体脊柱的上端会有一个向后突出（弯曲）的弧度。有的人身法调整不当，胸部以上的身体重力都压到胸腔上，重心点在膻中穴对应的身体内部的中心点（很多人习惯称这个部位为"中丹田"），于是感觉胸中"块垒难消"。当扎好马步的时候，通过"含胸拔背"成功地把胸部要承担的重力通过力学结构重塑，传导给了腹部重心点，也就是上文印证过的丹田。通过身法调整，这个承担重力的重心从胸部转移到腹部的过程，也就是从中丹田降到下丹田的过程，用现代科学知识解释就是重心下降到丹田，用《少林拳谱》的说法就叫"气沉丹田"，用道家五行理论解释就叫"降心火"。

其实这也可以从生理角度得到印证，因为无论是道家还是武术，无论用哪种语言描述，体悟的感觉是一样的。我们都知道，心脏的跳动产生压力，将血液输送到全身各处。如果重力压在心脏上，即便是很轻微的、人早已经习惯了的，时间久了，心脏的功能也会受影响。如果人生气了、有心事了，或者身法不正，身体其他地方的气血不如原来通畅了，必然会对心脏产生一定影响。比如胸部以上的重力都压在了中丹田，不能顺利传导下去，必然会对心脏产生压力，人的直接体会就是"心里堵个大疙瘩"。调整好身法以后，"含胸拔背"做到位了，重力转移到下丹田，胸部没压力了，心脏的功能可以更好地发挥，气血输送得就会更顺畅，所以感觉到"胸中空空洞洞，腹部沉沉甸甸"。

（二）形意拳里的气

李洛能祖师所遗拳谱之呼吸合道部分载："夫人以气为本，以心为根，以息为元，以肾为蒂，天地相去八万四千里，人之心肾相离八寸四分，一呼百脉皆开，一吸百脉皆闭，天地化工流行，亦不出乎呼吸二字。且呼吸之法，分有三节道理：初节道理，乃是色身上事，即练拳术之准绳，呼吸任其自然，有形于外，谓之调息，亦谓练精化气之功夫；二节道理，谓之身法上事，呼吸有形于内，注意丹田，谓之息调，亦谓之练气化神之功夫；三节道理，乃是心肾相交之内呼吸，无形无象，绵绵若存，似有非有，无声无臭，谓之胎息，也就是化神还虚之功夫。呼吸有三节道理，拳术有三步功夫，谓之明劲、暗劲、化劲是也。明劲者，拳内之法，伸缩开合之势，有形于外；暗劲者，动转神速，动则变，变则化，变化神奇，有形于内；化劲者，无形无象之手法，不见而章，不动而变之神化也。此三步功夫是练拳术之根本实际之道也，谓之练术合道之真诀，知此道理，可谓之性命双修也。"李洛能祖师的这段话开篇就讲气，但是文中也说"不出乎呼吸二字"！也就是说这里的气指呼吸产生的气体和由呼吸融合到身体里的气体。需要注意的是，这里的气并非我们通常理解的可以发外气伤人于无形的"能量流"。

郭云深前辈论拳："形意拳术之道无他，神气二者而已。丹道始终全仗呼吸。起初大小周天，以及还虚之功者，皆是呼吸之变化。而拳术之道亦然，惟有锻炼形体与筋骨之功。丹道是静中求动、动极而复静也；拳术是动中求静，静恒而复动也。其初练之似异，以至还虚则同。形意拳经云：'固灵根而动心者，敌将也；养灵根而静心者，修道也。'所以形意拳之道，即丹道之学也。丹道有三易：炼精化气、炼气化神、炼神还虚；拳术亦有三易：易骨、易筋、洗髓。三易即拳中明劲、暗劲、化劲也。练至'拳无拳，意无意，无意之中是真意'，亦与丹道练虚合道相合也。丹道有最初还虚之功，以至虚极静笃之时，下元真阳发动，即速回光返照。凝神入气穴，息息归根。神气未交之时，存神用息，绵绵若存，意兹在兹，此武火之谓也。至神气已交，又当忘息，以致采取归炉、封固停息、沐浴起火、进退升降归根。俟动而复炼，炼至不动，为限数足满止火，谓之坎离交媾。此为小周天。以至大周天之功夫，无非自无而生有，由微而至著，由小而至大，由虚而积累，皆呼吸火候之变化。文武刚柔，随时消息，此皆是顺中用逆，逆中行顺，用其无过不及、中和之道也。此不过略言丹道之概耳。丹道与拳术并行不悖，故形意拳术，非粗率之武艺。余恐后来练形意拳术之人，只用其后天血气之力，不知有先天真阳之气，故发明形意拳术之道，只此神气二者而已。故此先言丹道之大概，后再论拳术之详情。"

以上郭云深前辈论述的大意是形意拳是可以入道的拳法，与道士修道有异曲同工之妙。不同的是，丹道通过呼吸来训练，变化为周天，还虚从而入道。形意拳通过形体和筋骨之力训练入道。形意拳术之道的重点是"神气"。谈到"神"就会提到"凝神入气穴""存身用息"，那么前者怎么理解？现在大家常用一个词"意注丹田"。这个"意"就是"意念"。意念是注意力，不是想象。实操的做法是把注意力放到丹田，静下心来关注、体会乃至"观想"丹田。这里的"神"应该是"注意力"。当时没有这个词汇，所以前辈就用"神"这个字来描绘。当然，字在不同的语言环境下有不同的含义，在这里，"神"表达的是"注意力"，换到另一句话里也许就是其他含义了，所以今天我们想读懂过去的拳谱，与前辈们"交流"，就要切忌死读书、钻牛角尖。用心体会前辈们想表达的意思才是正途。

至于郭云深前辈提到的"先天真阳"和"气"，从上面这段文字来看，是指注意力和呼吸。从力的角度讲，形意拳锻炼的"神"和"气"，指的是"先天真阳之力"和"后天血气之力"。"先天真阳之力"指的是训练得来的筋骨结构力，而"后天血气之力"指的就是我们能够理解的肌肉力量。对于气，前辈已经有过解释，这里的气指的是后天血气。需要注意的是，这个气并非一开始我理解的是一种"能量流"。

郭云深前辈的论述所表达的是形意拳是通过对形体和筋骨的训练，让"注意力"和"血气"融合而最终入道的一系列方法。

很多人站桩或者打拳，身上出现热、胀、麻、凉、蚁行等感觉，便认为这就是"得气"了，出现肌肉跳动、抽筋的现象便认为是"自发功"，其实这是练功的过程中气血微调产生的自然反应。热是气血运行加快的表现；胀是气血充盈，微循环加快的表现；凉是寒气外放的表现；麻一般是局部气血不畅的表现。出现肌肉跳动感、抽筋或窜动现象、虫爬蚁行、练功中骨节响或阳举等这些功感，总的来说都是气血微调产生的各种反应，绝对不是什么"通周天""练出气来"的证明。

四、桩功究竟练什么

关于桩功，众说纷纭。大家对桩功最普遍的认识便是马步桩。钟情于练现代技击的人把马步桩批评得一无是处，这是因为没有正确认识马步桩的作用和目的。马步桩作为南拳中重要的桩功，是用来锻炼下肢力量的。南拳讲究身法沉稳，马步沉稳有助于南拳更好地发挥技击威力。这种锻炼方法自然不适合现代技击。

桩功是一种练习方法，并不是只有马步桩。顾名思义，桩功就是像木桩一样静立不动的修炼方法。至于以什么姿势静立，则各门派有不同的讲究。有的人说太极拳没有桩功，有的人说太极拳处处是桩功；有的人说入门先练三年桩，有的人说站桩都站"死"了。傅钟文练的太极拳没有桩功，大成拳修炼体系又完全是桩功，没有套路和其他方法。到底应该怎么看待桩功呢？

其实，桩功只是一种修炼的方法，与套路具有相似的作用，可以健身、养生，可以练出内劲，甚至可以练出很强的攻击力。好动的人难以从桩功中修炼出内劲，而爱静的人又懒于勤练套路，所以好静的人宜从桩功入手，好动的人宜从套路入手。一个是静中求动，一个是动中求静，最终殊途同归，在不同的道路和方法上求得一样的内劲修为。

接下来我谈谈桩功练的到底是什么能力。

（一）身法要领

练过内家拳的人都知道，内家拳讲究身法，这个身法和武侠小说里的身法不一样。小说里的身法类似轻功，是一种身体的运行轨迹，而现实中的内家拳身法指的是人体各个关节的姿势要点，详细解释就是在内家拳修炼内劲和发出内劲时身体各部位的相对动作要领。比如虚领顶劲、下颌微收、含胸拔背、尾闾中正等。这些身法要领是产生和运用内劲的必要条件。为什么过去练武术的人看起来身体瘦弱，却能战胜人高马大的对手，这就是运用内劲的原因。

真实的内劲不是小说里那种可以流动的能量。顾名思义，内劲就是身体内部的劲。这个内部是指人体内部，劲指的是筋骨之力和传到地面的反作用力。内劲的修炼，首先需要身体各关节做到符合一定的要领，使力量顺达，从脚底传送到手上，继而作用到对手身上。可以说身法要领是产生和运用内劲的必要条件，只有掌握了这些要领，才能产生内劲。换掉自己原来习惯的用力方式，这就是武术圈内讲的换劲和得劲。一个练武术的人能做到换劲和得劲才算是入门。否则，无论会多少套路、练多少年套路都不能算是内行。

而要学会这些身法要领，一般来说有两个途径：一个是练套路，另一个是站桩。在桩功没有普及之前，各门武术都是通过套路来掌握这些要领的，在不断重复训练一个动作或者套路的过程中，师父不厌其烦地一次次纠正动作，而这些身法要领就在这平常的动作或套路训练中得以自然掌握。一旦掌握了这些要领，内劲也就逐渐产生并增强。而桩功训练更直接，站着不动，专心体会身体各部位的要领，体会师父纠正动作和错误动作的不同感觉，从而逐渐掌握要领。与套路相比，在掌握身法要领方面，站桩要比套路更容易。但是两个方法都不那么简单，套路是要注意的东西太多，承载的东西太多，没有专项训练，所以身法要领掌握得慢。桩功虽然是对身法要领的专项训练，但是由于身体安静了，内心的杂念也就多了，习练者容易在定型和换劲的过程中丧失信心，放弃训练。

（二）发力结构

练习武术的核心目的是练出一般人没有的内劲，并且通过一定的方法把这个内劲发到对手身上。各门派讲究的发力方法不一样，比如太极拳讲究舍远求近、沾衣发劲，而通背拳则是放长击远，形意拳讲究硬打硬进，而八卦掌讲究外门抢攻。但内家拳法都讲究整体劲。各家描述整体劲的词语不一样，太极拳叫掤劲，形意拳叫整劲。发出整劲的必要条件就是形成一种发力结构，这是一种身体各关节做到要领正确、高度协调的结构，一旦掌握，即可正确发出内劲。这个发力的结构就是通常讲的"合劲"。身上能合住劲才能形成整劲，从而产生击人于丈外的效果。练过的人都有体会，在没练出合劲以前，用手与人互推，最多能把人推得慢慢往后移，但是练出整劲以后，一旦发力，可以像扔东西一样把人直接扔出去。整劲大，可将对手发放得远，发放得脆。发放和普通推搡区别很大。站桩可以很快训练出这种结构，使人合住劲、练出整劲。

（三）锻炼筋骨

传统武术一直讲锻炼筋骨，却不曾讲过要锻炼肌肉。所谓"筋长一寸，力大百斤"。可见锻炼筋骨的重要性。站桩时人就这么站着不动，筋骨怎么能得到锻炼呢？除了无极桩（培养元气为主，不注重锻炼筋骨）以外，其他桩功都可以做到。比如混元桩是各家武术训练体系内常见的桩功，姿势可能有些区别，但是基本上都是一样的：双脚分开与肩同宽，双臂胸前环抱如抱球状。没练过的人可能认为这么抬起手臂来不动，站半个小时、一小时太容易了。可是真到实际训练的时候，站十分钟都难，手臂会又酸又累，心里又备受煎熬，尤其是大臂最累。

刚开始，大臂大面积酸疼，尤其是肱二头肌。这是因为当手臂平举在胸前环抱时，整个手臂的重力都传递给肱二头肌来承受。刚开始练武术的人还没有换劲，靠肌肉来用力，所以这个时候大面积酸疼的是肌肉。在师父的指点下，站桩的时候慢慢放松肌肉，这时候手臂的重力会转移给筋骨来承受。当肌肉放松、不承担手臂重力的时候，筋骨就发挥了重要作用，会觉得大臂的筋隐隐作痛，甚至连桩架都不能坚持站。这个时候就是桩功锻炼筋骨的时候。在肌肉逐渐放松的过程中，筋骨也逐渐强壮起来，筋骨强壮了，那么内劲也就在无形中增长了。所以，桩功是可以很好地锻炼肌肉放松和筋骨力量的。

（四）借假修真

这是在桩功练习百天定型以后才可以开始修炼的功法。借假修真，顾名思义，就是通过假的、虚无的东西来修炼出真实的效果。在武术上，通常通过意念来达到借假修真的效果。

桩功的基本要点做到了，结构也搭起来了，按下来想修炼什么内容都可以，这也是各派桩功要求不一样的地方。有的用桩功来采气炼气，有的用桩功来增加掤劲。有的意想双手直入宇宙，采集天地灵气、日月精华；有的意想双手环抱宇宙，增强修炼效果。八极拳的两仪桩口诀就有"背靠青山，怀抱宇宙"之说。诚然这个口诀是对桩功身法要领的形象描述，但是如果在这里加入意想，训练的效果可能不一样。

意念可以以一念代万念，平息心中杂念，也可以通过意念导引自身气血，这是经过无数前辈实践证明的，毋庸置疑。

桩功就像是盖房子，结构搭起来了，房子就有基础了，至于练什么就看自己的了。但是，没有哪个人能没有师父指点就能自学成功的。

过去的师父需要言传身教，因人而异地创造各种条件让徒弟领悟，其中的辛苦不言而喻。否则怎么会有师徒如父子的说法呢？也正是这种教徒弟不容易，才导致师父不愿轻易收徒。中国武术因为有几千年的文化积淀，很多修炼要点都讲究"只可意会不可言传"，不是不愿意说，而是说不出来，因为其原理和体会很难用语言来描述，更不是学几个动作、套路就能成功的。

因此，没有良师，别练内家拳，不但练不出功夫，而且连健身的效果也达不到。很多人都因为听说练太极拳伤膝盖、练太极拳太耗神而忧心忡忡地问我太极拳能不能练。

五、"桩"的迷思

（一）"松桩"和"紧桩"

武术在本质上都一样，要解决的问题是力量和技巧。但由于个人条件和思维不一样，便演变出成百上千种派别，每一种派别都是一套完整的训练体系。

前文说过，内家拳的力量实际上源自筋骨，为了区别肌肉力量，我们称之为内劲。如何练内劲，方法很多，但是最快速、最简单的法门是站桩。站桩需要从肌肉和筋骨的训练入手，而在训练过程中体现出来的感觉有很多种描述，下文要阐述的"松紧""死活""动静"等都是在这个基础上衍生出来的。

以下给大家分析各种桩功名称的由来，以避免大家被这些外在表象及描述蒙蔽。若执着于这些表象，就会失去追求本质之心，思想上的舍本逐末就会导致效果上的南辕北辙。内家拳的桩功是无数细节构成的一个整体，一个细节错了，则整体不可得，正所谓"差之毫厘，谬以千里"。花无重开日，人无再少年，时间和精力比金钱更宝贵。

所谓"松紧""死活""动静"，仅仅是不同的练习者在特定的环境下依据自己对桩功的认知而产生的不同语言描述而已。

从松紧角度说桩功的，一定是亲自练过、有体悟的。站桩时的体感就是松和紧。有人说先站松桩，再站紧桩；或者先站紧桩，再站松桩。这两种说法都是真实的。但是如果你认可了这两种说法，那就错了。这两种说法是有前提条件、有特定的认知环境的。表达自己的感觉没错，但是按字面理解就一定是错的。传统功夫就是这么奇妙，用文字难以精确描述。正向讲，全对；逆向学，全错——以至于逻辑思维能力不强的人都理解不了。表面上看处处矛盾，从根上理解却能瞬间释然！

其实这两种说法所表达的意思是松，是肌肉不用力，而按字面理解为周身不用力；紧是筋骨撑开，而按字面理解为周身紧张。松开的东西和紧张的东西不是同一个，而人们往往按字面理解，想当然地认为二者同一。

站桩求劲，应紧中有松，松中有紧。松在肌肉，紧在筋骨，所谓"骨升肉降"，所谓"骨肉分离"，所谓"骨滑肉脱"，说的都是一回事。

至于到底是先松后紧，还是先紧后松，这是由不同训练过程中的侧重点不同所决定的。松和紧是阴阳，是哲学范畴中对立统一的两个方面，是同时存在的，切不可将松紧当成两个训练阶段，先求松，后求紧。"独阴不长，孤阳不生"，阴阳两个方面缺一不可。有紧才会有松，有松才会有紧，站桩的时候松和紧是同时存在的，当你只求松或者只求紧的时候，其实已经没有松紧了。

（二）"活桩"和"死桩"

站桩时之所以要站着不动，是因为在不动的情况下体会身法要领比较容易。试想，在练套路的过程中，即便是比较慢的太极拳，在练那么多个动作时，你的注意力能专注于身法要领吗？动作是否标准，如何迈步，如何转换重心，手如何出、如何收，什么时候转化，攻防意义如何，更有甚者要练意念，以意领气，需要注意的东西这么多，还能注意到身法要领吗？

连太极拳都这样，像长拳等速度快的拳法更难有机会重视身法了，最后只能靠笨办法："拳打千遍，身法自见"！因此，从古到今，练拳者多如牛毛，得劲者凤毛麟角。

既然在运动过程中难以练出身法，那练身法要领最快、最好的方法就是站桩。少林的马步桩等桩功与内家拳的桩功不一样。马步桩这类外家拳的桩功在外家拳的体系里非常重要，但其主要的目的是求得腿部力量，而内家拳是要求修正身法、换劲以及练整劲的效果。

当你站着不动的时候，因为没有其他东西分散你的注意力，你便可以专心不断调整身法，从而达到定型，也就是现代运动学上称为"动力定型"的效果。具备了身法，再练套路，套路的难度降低了，效果增加了，练出劲法就容易得多了。

与套路、单操相比，桩功也是一种练法，只是站着不动而已，但是训练强度没有减少，甚至还会增加。在外行人看来，站着不动的东西一定是"死"的，与单操和套路相比，这个东西就是"死桩"了。相对于"死桩"，那么运动起来的练法就是"活桩"了。要理解"死桩"和"活桩"这两个概念，我设置一个场景，大家一看就懂了。

郭云深前辈非常重视站桩，这在《能说形意拳经》里有所体现。形意拳重视三体式站桩，大概是从这里开始的。站桩被认可，功劳在王芗斋。王芗斋把桩功抬高到了至尊的地位，并普及开来。人们发现，站桩的效果确实要比练动作好得多，因此桩功的美名得以广泛传播。在这个前提下，我设置的场景就应运而生了，我们以太极拳训练为例。

学太极拳的徒弟听到别人都说桩功好，便回去问师父："师父，外面很多人都说站桩非常好，站桩真的好吗？我们有桩功吗？"因为此时太极拳的训练体系里没有桩功，师父于是便按照自己的理解回答："桩功没什么。站着不动去练，练死了，是'死桩'。我们太极拳的每一式都可以当桩练，我们练的是'活桩'。"

看完这个小场景，大家就明白了：所谓的"死桩"是不懂桩功的师父们对桩功的妄论；而所谓的"活桩"，却是懂太极拳的师父们对太极拳训练的真言。

"死桩"虽然产生于妄论，但是现在引申为如果没掌握桩功要领，只是木然地站着，失去了核心的身法要领，空有其形，那么就叫作"死站桩""站死桩"。

"活桩"指的是在运动当中具备桩功的效果，所以又叫"行桩""走桩"。太极拳的招式确实有桩功的效果，不过不容易练到，道理前面说过了，此处不再赘述。

以上就是"死桩"和"活桩"的由来。

（三）"动桩"和"静桩"

"动桩""静桩"与"活桩""死桩"类似，前者是懂桩的师父们总结的，后者是不懂桩的师父们总结的。

桩的外形是身体静止不动，而内在的核心是身法要领。反过来说，只要掌握了身法要领，那么动起来就会有桩的效果，可称之为"桩"，所以真正懂桩的人把这两种桩的形态叫作"静桩"和"动桩"。

那么，动桩好还是静桩好？从难易程度上来说，静桩相对比较容易，而动桩相对难一些。目标同样是掌握身法要领，站着不动肯定比动起来容易做到，但是动桩除了身法要领还能训练别的东西。比如形意拳单操五行拳动起来要带着拳劲，而且要在身法定型的基础上带着拳劲练。走一趟单操，也就是动桩，身法要领和拳劲就都练了，而静桩就只能练出身法要领来。

既然静桩和动桩有这样的区别和功效，那么练习者自身的条件就成为决定因素。如果练习者刚练武术，身上的协调性比较差，这就比较适合静桩，从简单一点的方法入手、从要求少一点的桩法入手反而容易入门，很快出效果。如果练习者已经训练多年，身法掌握得较好，则练动桩效果更好，既巩固身法，又练习拳劲，一举两得。

武术没有统一的标准，各拳种虽然训练目的相同，但是由于每个人的身体条件、思想悟性不同，采用的方法也就有所差异。即便是对同一种东西，不同思维偏好的人，描述也不尽相同。在此，仅以"松桩"和"紧桩"、"活桩"和"死桩"、"动桩"和"静桩"为例做简单说明。作为初学者，如果不了解创造术语的语言环境、不明白语言背后的真实意义，仅从字面去理解，则会越理解越复杂、越想弄明白却越弄不明白，而任何一个理解误区都会把思路引向错误的地方，有百害而无一利！

六、真正的"开胯"是什么

自习武以来，我从没听过"开胯"这个术语，即便是古传拳谱，也未有相关描述。

借着互联网自媒体的东风，各种水平的自媒体人把自己的个别理解瞬间放大了无数倍。如果传播的是正确的理解和观念，这是善举，是值得敬佩和支持的。可惜的是，所有的武术术语都是高度凝练的，是忽略了前提条件、应用主体以及特定环境的一个有代表性的"点睛"词汇。如果仅仅依照文字去理解，或者依照自己接受的十几年现代教育去理解，往往会理解错。遗憾的是，或者是因为解释起来非常困难、非常费口舌，或者是因为商业需要，各位"开胯"术语的发起者只传"其然"，不传"其所以然"。"开胯"这个术语一夜之间传遍大江南北，不管懂不懂拳、有没有体悟，看着别人站桩打拳，都会说一句："好像你胯没开！"更有甚者，看到不认识的前辈的照片也要说："这人胯没开！"

当这种认识不断传播开来，真不知让人该笑还是该哭。误导人，"开胯"两个字就足够！可是要将人导向正确的理解途径，数千字也未必能说明白，所耗费的精力又何止数千倍，何其难也！更何况，纠错远远比误导速度慢、范围小。若不纠正，眼看着成千上万的人落入思想误区，且一去千里，越行越远，又于心何忍？可叹自身能力薄弱、影响有限，不能将所有迷途之人引回正途，姑且尽些微薄之力，求个无愧于心吧。这也是我写本书的初衷。

很多朋友望文生义，以为"开胯"与练舞蹈一样，是把胯打开。那怎么把胯打开呢？就琢磨着学一学解剖学，找找胯由哪几个骨头组成，成年人的胯骨相对于少年的胯骨是不是闭合住了、角度变小了，因而导致胯骨的活动范围变小了……经过一番"合理推论"，便煞有介事地教导别人，说"开胯"就是要把胯骨的角度打开、把某个骨缝慢慢打开，以扩大胯骨的活动范围。如果照着这个思路去训练，轻者受损，重者伤残。而创造这些术语和解释这些术语的始作俑者却不承担任何责任、不受任何损失，甚至可以借此盈利，只苦了广大爱好武术的习武者们。

事实上，大家耳熟能详的"开胯"，应该叫"活胯"，针对胯的术语还有"裹胯""合胯"等。这类术语其实不是单独存在的，这本是在整个传统武术训练体系的中后期练习发力的时候需要掌握的一个技巧而已，在学武初期是接触不到的。

武术训练是一个完整而科学的体系，需要从基础开始，循序渐进。有些人、有些机构出于各种目的，活生生地肢解了原来的完整体系，把发力的部分单独拿出来，夸大效用以牟利，而实际的训练效果和学员的成长却不在考虑范围之内。

上文说过，"开胯"是在练习发力的阶段才会涉及的细节要领，而这个发力是有前提的。各门传统武术的用力原则不一样，所以各家武术的发力方式是有区别的。同样是发力，太极拳要求"松活弹抖"，形意拳要求"起钻落翻"，八极拳要求"挨傍挤靠"。缺失了本门拳法的铺垫和基本训练，是没办法练习发力的。抛开了前面所有的条件，直接训练发力，那练的是哪家拳法的力？这种"四不像"系统练出来的发力，要在哪种环境下应用？是依照太极拳的方法用还是形意拳的方法用？可叹的是这种东西却符合了许多现代人浮躁和走捷径的心理，他们错误地认为直接练习发力是核心。片面孤立地理解训练体系，无异于盖空中楼阁，其结果必然是浪费金钱和精力。一旦发现自己原来什么都没练出来，还要从头开始，则只有悔恨。

上文说过，"开胯"应该叫"活胯"。"活"的意思是"动"，是相对于不动而言的。也就是说，获得整劲之后开始练拳劲，此时全身都要动起来，其中有一个比较重要的地方就是胯。胯要正确地动才会上下相随、力达四梢。而一般人没经过训练，不知道胯如何动才能正确地传导力量。如何让徒弟学会动胯，每个师父都有自己的本事，或者一点一点扳，或者说明。其实这个动胯只是全身各处要领的一处，需要各个要领互相配合、共同作用才会有理想的效果。在整体中训练部分才是正确的训练方法，单独强化则费时、费力，并不可取。而夸大这个要领的作用并开发相应的课程则是出于商业目的。从不会动胯到会动胯，从没掌握胯的要领到掌握胯的要领，这是每个练到这个阶段的习武者必然经历的过程，而将这个过程描述出来的时候，依据的是自己的文字功底、语言能力以及思维偏好，描述得比较准确的叫"动胯""活胯"，即针对原来"不会动的""死的""僵的"胯的状态而言，现在的胯是"会动的""活的"，形成"动胯""活胯"这样的术语，不会误导人。而另一部分人，则从"活"和"僵"想到了"固定"和"开"，等同于舞蹈的"开胯"，因此误导了许多习武者。

武术老师应当在教授武术的同时传播客观、理性的观点。武术本合道，"以武载道，教化万民"，这才是武术之根。也是古时武者受人尊敬的原因。在传承方面，所谓"医不叩门，道不轻传"，但是刻意断章取义、胡乱嫁接武学体系，有亏德行，诚不可取。范仲淹言："先天下之忧而忧，后天下之乐而乐。"真正武者，情怀当如是。

太极指南

一、隐藏在慢练后面的真相

太极拳都是慢慢地打，所有的老拳师都说打得越慢越好。但是为什么要慢练，很少有人表述得清楚。有人认为太极拳慢练，主要是为了练气；有人认为太极拳慢练，主要是为了修道；还有人认为太极拳慢练快用，将来实战的时候速度很快。随着练拳的人越来越多，说法也越来越多。有的人按照自己并不全面的理解来描述，有的人则抬出祖师爷或者前辈的论述来硬套，结果是众说纷纭，莫衷一是。

要知道太极拳为什么慢练，首先要明确太极拳训练的目的。凡是练法，必有目的，只有从训练目的说起，才能知道为什么要慢练。

从前无论是用冷兵器作战，还是当绿林好汉，或者是走镖护院，武术都是一项非常有用的技能。之所以有用，是因为练武可以获得超强的实战能力，而这个实战能力就是大家练武的目的。实战能力可分为两方面：一个是力量（杀伤力），另一个是技巧。太极拳作为武术的一个门类，其武术属性决定了它的训练也要包含这两方面。

不过太极拳作为武术发展到高级阶段所产生的拳种，作为有代表性的内家拳之一，它追求的力量和应用方法颠覆了武术在外家拳阶段的认知。在武术发展的早期，武术训练力量的方法与在健身房的力量训练差不太多，即把硬功夫、筋骨皮的训练揉到了一起，用硬练的方法不断强化攻击对方的能力，如铁头功就用硬物击打头部，铁砂掌就用手指插铁砂，等等。要攻击对手，就是把自己强化过的身体部位抢过去，对应的兵器有棒、锤、铁鞭、铜，等等。而内家拳是在用力的过程中发现了一套以小打大的方法，像兵法里的以弱胜强一样。在兵法产生之前，5000人打1万人，少有胜算。但是多少著名的战役都说明了以小打大、以弱胜强是可能的，比方说项羽的破釜沉舟、韩信的背水一战等。不过这种方法不是谁都可以尝试的，也不是生搬硬套就可以效仿的。越是高明的方法，其实施的条件就越苛刻，应用起来要注意的细节就越多。

　　不单单是太极拳，所有内家拳的实战都是兵法思想应用的结果。形意拳硬打硬进的背后有"拧裹钻翻"，明劲的背后有暗劲支持，而"拧裹钻翻"的深意是避实击虚，更不用说太极拳和八卦掌了。将自身的力量集中到一点，恰到好处地攻击对方的弱点，暗合"集中优势兵力，各个歼灭敌人"的作战方法。兵法的很多思想，都生动地阐述了内家拳的思想。

　　太极拳等所有内家拳都是将身体的重力、惯性以及从脚到手指综合形成一个整体，然后再匹配相应的应用技巧。太极拳的应用技巧是在粘连黏随、引进落空的基础上发展而来的。我们借用大禹治水的思路来理解太极拳的应用：把对方的力量比喻成洪水，如果像舜一样用围追堵截的方法来硬抗，会很费力气，效果不佳，就像现代搏击运动一样，几分钟以后双方都会气喘如牛；但是如果像大禹治水一样疏通引导，顺势而为，那就非常省力了，攻击的距离无形中也缩短了。

　　从双手到胸膛的空当都叫"门里"，别的拳都不允许对手攻进来，因为一旦攻进来就意味着以胸膛迎敌，人则会因胸骨被打穿而死于非命。而太极拳却可以把胸膛亮出来，但是亮出来的前提是掌握了"粘连黏随"。自己的手一旦粘着对方的手就有了引导和控制进攻的能力，可以在对方打到自己之前将之化开，所以即便是胸膛露出来也没关系。人的手臂长度有限，重心的稳定也受范围的局限，只要借助对方的手臂使对方失去重心，呈现败势，自己就胜利了。

另外，太极拳不是一味地转化。我们都知道，一味地防守则难免有失误，防守时间越长，失误的概率就越大。太极拳的转化是为了攻击，利用接手，在一瞬间感知对手力量的强弱、方向和变化，然后舍己从人，顺势而为，引导对手攻打自己的力量，导致对手失了准头、丢了重心，或者开了空门，而在这个过程当中，我方同时形成了合劲，也就是整体劲，造出一个"得势"来。此时冲着对方的空门一击，而这一击是集合了全身之力，往往可以致命。上文说过，太极拳的力量是集合了重心、再加惯性使用技巧的整体劲，比简单抡拳头的打击力大得多。除了整体劲，还有在整体劲基础上的弹抖劲。《拳论》说："上下九节劲，节节贯穿。"这"节节贯穿"含有普通抡拳头没有的攻击力。

前文说过，太极拳等内家拳要求的力量与外家拳和现代搏击的力量不一样，内家拳的力量是通过调整身体内部结构和关节运力技巧而产生的，所以叫"内劲"。内劲的来源主要是人体的骨头和大筋，利用关节把人体的骨头的相对位置重新微调一下就能形成一种结构，这种结构是人体的受力结构，可以把人体的重心和惯性产生的合力通过手脚发挥出来。当拳头接触到对方身体的时候，相当于整个身体重力加上产生的惯性都打到对方身上了。筋骨越强壮，攻击力就越强大，这就是我们日常所说的筋骨力了。

虽然现代搏击和传统武术都有蹬地、转腰、送肩的动作，但是传统武术的目的在于形成合力，而现代搏击的目的是求得更快的速度，速度快则攻击力就强。力学公式是质量 × 速度 ＝ 动量。在现代搏击当中，质量相当于拳头或者腿的质量；而在传统武术范畴，质量是整个身体的重量，速度是拳头接触对方身体时瞬间爆发的速度。哪个更快，哪个质量更大，就一目了然了。当然，能不能打到对方，这是运用技巧的能力问题了，这里暂时不讨论。

分析清楚太极拳的训练目的就可以探讨太极拳为什么要慢练了。太极拳追求的力量是内劲，内劲是筋骨力，那么筋骨力怎么练？舍弃肌肉用力的习惯。对普通人来说，用肌肉发力是一个根深蒂固的习惯。所有内家拳习练者练拳之初首先要面对的难题就是换劲，即把肌肉用力习惯改成筋骨发力习惯。而这个过程因为与日常生活习惯相左，改起来非常困难，没有明师指点的话，可能一辈子都改不过来。

现在很多太极拳爱好者练习一段时间套路后，就想尝试实战，结果打法其实与太极拳无关，原因就是只会套路动作，不但对太极拳的整个训练系统不了解，更没经过完整的训练，连劲都没换过来，却想用太极拳的技巧攻击别人，结果只能是挨揍。换劲就好像是蒸汽发动机和汽油发动机的区别，原来的肌肉发力习惯是蒸汽发动机，想要发挥更好的能力，就要换成汽油发动机。而这些急于上台的爱好者，相当于用一套蒸汽发动机驱动原本使用汽油发动机的汽车，这怎么可能呢？

太极拳的训练方法主要是盘架子，拳架里有那么多招式动作，而内劲又依赖于身体里各个关节以及发力部位的细微变化，稍有不对，合力就没有了。要注意这么多地方，如果练的速度非常快，哪里顾得过来呢？因此，想求劲，就要把动作放慢，一边打拳，一边注意自己的身法要领、身体结构以及换劲的相关要求，之后还要加上技击要求、内劲走向等内容，着实不容易。

慢练都非常容易顾此失彼，何况是快呢？然而慢练的目的是求劲，一旦目的达到了，快练也无妨。毕竟实战的目的是打到对手，如果自己的速度太慢，跟不上对手的速度，就无法达成"粘连黏随不丢顶，引进落空合即出"。《拳论》有云："动急则急应，动缓则缓随。"可见太极拳应用时不是一直都慢的，该快的时候要快，要为打到对手这个目的而服务。很多人都认为太极拳平时慢吞吞地练，实战的时候，无论对手如何快打，自己都自顾自地慢打，这是非常大的误解！太极拳训练是训练，应用是应用。就像我们学写字，要从苦练笔画开始，要写好"横、竖、撇、捺"，而实际用的却是"字"。还有一个比较好笑的例子，就是拳击运动员平时的训练项目里有跳绳，但何曾见过哪个拳击运动员在拳击比赛中用跳绳来攻击对手？

　　太极拳的慢是一种求得内劲的训练方法，实战却不是这样，平时训练得来的各种能力在实战时是"运用之妙，存乎一心"！

二、太极拳修炼要领

太极拳是一门优秀的拳种，但是其练法传承到如今却逐渐失真。不懂正确的练法，别说是十年，就是五十年也难练出真功夫。练对了，其实不需要十年。"太极十年不出门"之所以流传是因为过去的师父收徒很谨慎，要对徒弟进行考核。另外，"教会徒弟饿死师父"，在拿传授武术当饭吃的年代，师父怎么会立刻教你核心要领呢？

接下来，我介绍一下在我看来，太极拳应该怎么练。

第一种思路是对原有练法的改良。一个太极拳套路至少需要学三次才能有所成就，进入推手阶段。第一个阶段是学动作，把一套拳的动作招式学会了、记住了、打熟练了，就算达标。在这个阶段，跟顶级大师学和自己跟着视频学、跟刚入门的老师学都没什么分别，因为这个阶段的目的只是大概学会动作，所以这时候花巨资找名师学意义不大。第二个阶段是正架，这个时候就必须由懂拳的师父来指点，将你第一遍学会的套路动作一个一个地摆正确，按照正确的门内要求的姿势做好。第三个阶段是练习内劲，在正架的基础上，师父会告诉你拳里的内劲怎么走、从哪里产生、经过哪个部位运化、最后到达哪里、中间有什么要点、注意什么地方。在这个阶段，每一个动作的练习周期更长。要练出内劲，这个阶段是关键。之后，才能开始推手训练，继而训练实战。学套路只是掌握一个训练方法，还不算练功。正架是要修正身法，身法修正了才会有换劲的效果。练内劲即进入太极的明劲（八法劲）阶段。

知道了太极拳怎么练，然后我们估算一下时间。一般一套太极拳有八十几个式子，加上不计名称的连接招式，一套拳得有一百来个招式，每一式有若干动作，动作的数量大约为招式的3倍。也就是说，太极拳的一个套路包含几百个动作。要把这几百个动作学会并练熟，恐怕要超过三个月。平均每天掌握一个动作，练完一套拳需要大约一年的时间。也就是说，经过一年半的辛苦训练才到了内劲的阶段。

第二种思路是对原有训练方式的革新。在我倡导的训练体系里，用两天时间学一个无极桩、一个混元桩，无极桩修正身法，混元桩可以换劲，练习几个月，就等同于太极拳练一年半的效果。学几百个动作，用时一年半，收费两万元，大家并不觉得贵，或者能接受，毕竟要一年半时间呢。但是用七天时间教会两个桩，三个月达到太极拳一年半的训练效果，如果收费两万元大家会觉得太贵了。

正所谓："医不叩门，道不轻传。"保守也是传统武术在传承上的无奈之举。如果真想学习，这本书"内劲修炼"的部分详细地介绍了这两个桩功的练法，你可以依照文中所述练习。

最简单的东西最关键，也是最值钱的。很多人都会有疑问，将这么宝贵的真东西"贱卖"了，图什么呢？我是这样想的，如今的社会，武术内劲的实战意义已经不大了，武术的贡献更多的是让练习者从中领悟中国传统文化以及得到身体上的锻炼两个方面。但是由于内劲的传承人较少，加上内劲比较抽象，不容易描述明白，导致那么多喜爱武术的朋友四处求学却不得其门而入，浪费很多金钱和精力。基于这样的情况，我愿意做"法布施"，但愿武术真传可以对大家的健康做出重大贡献。对于很多喜欢武术，却又缺少资金的朋友，我愿意把相当于一年半学太极拳才能学来的东西以文字的形式传授，而学费就这本书的价格。

三、太极拳为什么是高级拳种

　　记得刚练太极拳的时候，我的师父就说，太极拳是一种大脑的运动，是高级运动。我当时不太明白，只是觉得老师说的有道理，但道理到底在哪里，我也是后来才想明白的。

　　万事万物都有其发展规律，武术也不例外，遵循着由低级向高级发展的规律。从少林长拳的刚猛练法，到陈式太极拳刚柔相济的练法，再到杨、吴、孙等太极拳的柔化练法，这是一个由外而内的发展过程。开始时从身体外部训练入手，打磨筋骨皮，重视身体局部攻击的效果，而身体里的劲力走向和方法还没有注意到。这是一种比较辛苦的练法，练不好易使肢体畸形。练二指禅会使手指又粗又大，异于常人。练铁砂掌会使手掌粗厚，以致畸形。虽然获得了超常的攻击力，但是却影响了肢体的正常功能，这种练法以古代少林武术为代表。"内练一口气，外练筋骨皮"，少林武术在对筋骨皮的锻炼上投入了主要的精力，这可能与少林禅拳合一的宗旨有关。僧人把吃苦当作修行的一种方法，而少林武术修炼时身体的辛苦正好满足了这种需求。在内家拳出现后，侧重外部训练的拳术相对应地被称为外家拳。无论内家拳还是外家拳，在实战效果上没有高下优劣之分，只不过在认识上、练法上有很大区别。

　　现在公认的说法是陈式太极拳在各派太极拳中出现较早。从各派太极拳高手的演练就能看出来，陈式太极拳螺旋缠绕，动静相兼，即使不懂武术的人也能发现它是有力量的。陈式太极拳体现了武术由外向内求的转折。陈式太极拳的先人发现身体内部能产生巨大的能量，开始注重身体里边劲法的修炼和运用，并不只是注重肢体的外部训练。虽然在练法上有了革新，但还是能够看到外家拳的影子，也就是所练的太极拳劲法会在身体外面显现出来。也正因为如此，杨式太极拳宗师杨露禅当年才有机会留下"偷拳"的美谈。

当年教我太极拳的师父说，因为杨宗师有"偷拳"的轶事，所以自己在"防盗"的角度上创造了杨式太极拳，可以说杨式太极拳是"防盗版"的陈式太极拳——即便是有人天天看你练拳，最多只是学会动作，内劲是学不了的。当然这是玩笑，不必当真。不过这也说明了杨式太极拳的特点：练法大松大柔。在陈式太极拳练法上能看出来的螺旋缠绕等劲法，在杨式太极拳套路里是一点儿也看不出来的，但杨式太极拳的真实威力不可小觑。也正是因为如此，杨式太极拳会形成对门内弟子和门外爱好者分别教拳的规定。在教拳方法上，正式拜师的和没有拜师的，差异很大。

再到吴、武、孙式太极拳更是练法松柔，注重内劲。太极拳发展到这里已然是非常乃至完全注重身体内部各部位间的关系，用来实战的劲力是通过把身体内部的劲路练通而获得的。所以，太极拳毫无疑问是一种高级拳法，但是也正是因为高级，其训练方法不易理解，入门易而精通难。太极拳的逻辑思维、认识体系以及训练体系要比外家拳复杂得多，练有所成也就更困难了。虽然距离实战比较远，但是离文化、道比较近，在锻炼身体方面的成就也就更高。

王芗斋先生得到郭云深前辈真传，学到了武术修炼的最佳方式——站桩，由形意拳发展出意拳的时候。太极拳和意拳等内家拳都是武术发展到高级阶段的产物。如果说太极拳注重内劲训练的体系太烦琐和复杂的话，那么意拳就是内劲训练体系太简单的拳种，直击内劲训练的核心，即找到了训练内劲的最佳方式——站桩。意拳又名大成拳，我想当初命名为"大成拳"的前辈想表达的意思也是"发展到高级阶段的巅峰拳种"。

从武术发展的规律角度看，意拳已经是武术训练发展到巅峰的代表，因为它找到了训练内劲最直接的方法，不繁杂。但是桩功只能训练出实战需要的力量、发力技巧，训练不出实战需要的反应和攻防技巧，意拳摒弃了传统武术训练的工具——套路。传统武术训练体系中，实战需要的反应和技巧都是从套路中训练出来的。后来意拳在发展过程中为了弥补这一缺憾而创造了单招和健舞。

处于武术发展的高级阶段的除了太极拳和意拳，还有形意拳。形意拳从无极开始练出六合整劲，之后分解出劈、崩、钻、炮、横五种拳劲，进而演化出十二形、杂式锤，利用对应的动作练出明劲、暗劲、化劲。形意拳的训练体系比太极拳简单，却又比意拳完整，既没有复杂的理论，也没有弯腰屈膝的辛苦，适合真正喜欢武术但还没有入门的朋友练习。因此，在本书后两章中，我就以形意拳为例，重点讲解传统武术的修炼步骤和窍要。

四、太极拳和太极操

　　历史上每一个拳种的创立，从理论到练法、从内劲修炼到实战检验都有完整的体系，而健身是在追求拳劲的道路上产生的副产品，否则不练劲法的太极拳相当于体操，对于健身而言效果甚微。古人云"取其法上得其中，取其法中得其下"，就是这个道理。

　　现在大众练习太极拳，仅仅是学会了太极拳的套路动作，连锻炼身体的效果都不理想，何况是实战呢？所以当有朋友问我"医生不建议练太极拳，因为太极拳要求精神高度集中，太费神，是这样吗？""听说太极拳比较费膝盖，会把膝盖练残，是吗？"时，我说这都是不了解太极拳、不懂太极拳的人说的。这些人对太极拳的认识都是盲人摸象、管中窥豹、以偏概全、捕风捉影。

　　太极拳在训练中要求全身肌肉放松，换成筋骨支撑全身的方式，在缓慢的肢体运动中全身的气血运行压力减小，全身舒畅；练拳走架的时候，大脑也是放松的，并不是要求精神高度集中。膝盖出问题是因为有部分练习者没练对，一味追求低架子，却忽视了"裹膝圆裆""力不出尖"的要求，没有将膝盖承受的力量传导到脚底，以致膝盖承受的力量太大，练坏了。究其原因，不是自己瞎练，而是没遇到良师，练错了也不知道，没有及时纠正，导致身体出了问题。但凡有良师指导，先修正身法，再求套路，有错及时纠正，又怎么会练出问题呢？

　　现在太极拳风靡世界，却不由的让人有些担忧。练的人越多，能练对的就相对越少；追求劲道的人越少，对太极拳的误解就越多；琢磨利益的越多，琢磨拳的就越少。所谓"三人成虎"，大多数人都练错了，那么练对的人就不一定能受到尊重，其主张就未必能让众人接受。要想让那么多人重新接受正确的东西，太难了。

五、为什么有人练的是假拳

太极拳既然不是太极操，那应如何练呢？我们先看看太极拳前辈们是怎么练拳的。

陈式太极拳的训练遵循套路—推手—单招—实战的轨迹。

单看这个不觉得有什么复杂，其实奥秘就在套路里。从套路里要练出来下面的内容：首先是修正身法，只有修正身法才能练出内劲，达到换劲的目的；其次是丹田内转和缠丝劲；再次是八大技法，即四正四隅手——掤捋挤按，采挒肘靠，还有五行——进退盼顾定；最后要从套路里练出发劲。据说一套陈式太极拳能拆出一二百种劲法，关键要练出松活弹抖劲。简单的一个太极拳招式中每个动作都要符合这么多种要求，你现在可以体会到它的复杂程度了吧！

而我们见到那么多太极拳爱好者，练的仅仅是套路动作而已，真正需要练出来的东西全都没有，练套路的效果简直是天差地远呀！

杨式太极拳授拳分三步：一是拳法，二是用法，三是劲法。

第一步教拳法。杨家传授拳法内外有别。一般学生，集体练拳，由一位师兄示范带教，师父端坐观拳。练完略做讲评，算当天练拳完毕。行过叩头拜师大礼的入室弟子，大师个别传授，每一个动作都讲清要领，反复纠正。

　　授拳内容又分养生架和技击架。杨式技击架称为"太极长拳"，吴式技击架则称为"太极快拳"。杨式太极长拳速度快慢相间，动作刚柔相济，步法走滑步，发劲吐气出声。我看过一则资料，说澄甫公在上海教拳时将整套长拳拆开，作为散手传授给入室弟子。黄景华前辈在澄甫公门下学拳，慢拳、长拳都是拆开架子一招一式反复苦练。澄甫公亲自连贯示范拳架，仅有三次而已。一次打慢拳上半套，一次打慢拳下半套，一次将全套长拳放慢速度打。澄甫公指出，长拳各招式熟练之后可以自由衔接，可长可短。因此，澄甫公所传太极长拳共60式，董英杰所传为23式，陈微明所传为108式。

　　第二步教用法，需要因材施教，用活招式。

　　第三步教劲法。弟子正式拜师之后，须经多年考察，拳法基础扎实、用法熟练、品格高尚者方可传授其内劲。按杨门规矩，"劲法不传六耳"，必须闭门单独传授。学得劲法之后，不可随便泄露。所谓劲法，即内劲运用之路线。劲法未能贯通，则所用之劲仍为腰腿劲，并非纯正内劲。杨家素有劲法不得妄传、妄议之规定，故雅轩前辈眉批《太极拳体用全书》引起之种种争论，仅局限于拳法、用法，尚未涉及劲法。《太极拳体用全书》亦只讲拳法、用法，不授劲法。

　　太极拳的套路承载了传武修炼的所有程序和要素——换劲、内劲积累、发劲方法、实战技巧等。只不过，同样的套路，不懂窍要就什么都练不出来，相当于练体操了。所以不是太极拳无能，而是绝大多数练习者得不到真传。练陈式太极拳的不会丹田内转，练杨式太极拳的不懂劲法和用法。

六、太极拳的修炼程序

1. 切换状态

最好在一个安静的环境里练太极拳。太极拳套路长，打拳速度慢，可以让身体长时间保持练功状态，借这个过程增长内劲。要让身体很好地进入练功的状态，首要的就是环境，其次是情绪平稳，把身体和精神都调整到一种比较安静放松的状态。

切换状态，是要把身体和精神从生活状态切换到练功状态，初学者切换会比较困难，等到练熟后就可以随意切换了。而切换的方法最好是无极桩。无极，无形无相，是零，也是内家拳孕育内劲的开始。

2. 修正身法

众所周知，太极拳修炼讲究身法，这几条身法要领说起来大家都知道：虚领顶劲、含胸拔背、沉肩坠肘、尾闾中正（裹膝护臀）、虚实分清、劳宫吸空、涌泉吸空等。身法是产生内劲的必要条件，必须在开始练套路之前先通过桩功掌握好。套路里招式繁多，分散注意力的地方太多，一开始就练套路，如果没有师父在身边纠错，根本练不对。身法练不对，就算架子走得再漂亮也没用，产生不了内劲的太极拳就是太极操。

在练套路前先把身法练好，其途径就是混元桩。经过无极桩的修炼，身体进入了练功状态后，可以开始练混元桩了。用混元桩来修正身法要领，把自然生活状态下的身体调整为太极拳要求的结构。一般这个周期是一百天（三个月），又叫百日筑基，这期间不能离开师父的指导，每日站桩都需要师父不断纠正、自己用心体悟。过了一百天，桩功的身法要领、太极拳要求的身形结构就算稳定了。这时就可以开始练习八大劲（技）法了。

3. 八大劲法

八大劲法就是太极拳从无极桩、混元桩修炼出来内劲以后，衍生出来的带有太极拳特点的劲法。混元桩修炼出来的内劲具有所有内家拳的共性，叫混元劲。这种劲力不分门派，没有体现出某个拳种的劲法特性。从混元劲往后修炼，就有了分别，太极拳从混元劲衍生出来八种基础劲，形意拳从混元劲衍生出来五种基础劲，而意拳没有再衍生基础劲，是直接拿来用的。

先说八大劲法，即掤捋挤按、采挒肘靠，分别对应四个正方向和四个斜角方向，又叫四正四隅手。可以说，所有太极拳的套路动作和发力都是由这八种劲法构成的，不懂八大劲法，练的就不是太极拳。

这八大劲法具体怎么练，相关的文章和著作很多，大家可以自己去寻找，不过我还是建议大家正式拜师学艺。

4. 练习套路

懂了八大劲法以后就可以开始练套路了，此时开始练套路则事半功倍。用八大劲法验证套路招式，用套路招式来琢磨八大劲法，练的才是真正的太极拳。经过长时间的套路锻炼，八大劲法基本运用纯熟，之后就可以开始推手训练了。

5. 推手训练

推手训练有很多种，常见的是定步单推、双推手。我们平时去公园，经常看见两人双手挨在一起，上下打圆练推手。可以说，只要是打圆练习的，不是练错了，就是绝顶高手。双推手看起来像个圆，其目的可不是打圈和画圆。双推手是一种尝试运用内劲的练习方法。定步双推手练的是四正手，即掤、捋、挤、按四种劲法的互相破解和转化。机械地打圈和画圆都是错误练法。正确的练法一定是在找劲上做文章：我用掤劲攻对方，对方用捋劲化解并顺势攻我；我听出对方捋劲后便立刻变掤劲为挤劲，用挤劲化解对方的捋劲，顺势攻击对方；对方听出我的挤劲后，即刻变为按劲；我方随即变为掤劲。如此你来我往，既训练听劲又训练劲力运用，开始整个动作虽然不圆，但是只要是在找劲，那就是对的。圆不圆只是个外在的表象，无所谓。等到劲法运用纯熟了，反应、听劲都练得很好了，四正手就自然画圆了。此时，听劲、化劲就粗具规模了。继而练好、练活四隅劲，八法劲既成就可以进行套路招式的单招练习了，即拆拳说劲。

6. 拆拳说劲

这个步骤就是把套路中的每一个单式单独拿出来训练，每一式包含几个用法、几个劲法。八大基础劲法排列组合后可以衍生出 64 种劲法，分散在套路的各个动作中，可以说每一个动作都包含了很多种劲法。

把套路中的单式拿出来专门训练是实战的必经之路。对方先配合我的用招、发力，继而不太配合，最后做对抗训练。如此才可以步入实战的环节。

只有遵循如上的训练程序，才能练好太极拳。只有在太极拳修炼的原有方向上用功，才能有健身的效果。否则，拿追求健身当作理由，空练套路，则与体操无异。

七、理解太极拳要求的"松"

"不会松，空练功。"关于放松，已经有很多描述了，也有很多种帮助放松的功法。但是请大家仔细想想，放松的标准究竟是什么？人只要动，就一定需要力量来支撑，否则怎么动呢？但是一旦彻底放松，那就没有力量支持了，没有力量支持就瘫软了，还怎么练拳？怎么盘架子？

记得刚练太极拳时，被放松的问题折磨了好久。师父天天让我放松，可是如果真的放松了，手臂不就没有力量支撑了吗？那手臂还怎么举起来啊？师父说那是"泄"。但是放松和泄到底怎么区别？要放松，又要用力做动作、盘架子，到底放松和用力怎么协调？这恐怕也是每一个太极拳初学者的困惑。

后来经过多年的揣摩，我才明白其中真意。放松其实就是指放松肌肉，让筋骨来承担原本由肌肉承担的力量。所谓"松肌肉，练筋骨"说的就是这个意思。

太极拳盘架子，要求立身中正，掤劲不丢。掤劲是个什么劲？拳谱上说"如水负舟行"。这种描述很客观，生动地描述出了掤劲的感觉。武术是一种体悟，拳练到身上时是可以感觉到的，但是要用语言来描述就很困难了。这与佛家讲的"不可说，说即是错"有异曲同工之妙。我也是练了内家拳之后才对佛家的这句话有了真正的理解。

武术，尤其是练内家拳，身体里的体会很多，文字描述很困难，即便是描述出来了，别人未必能看懂。当初我学武术的时候，师父说什么，我就默默记下来，然后在练习的过程中不断地体悟，等我理解了师父所说的话，再对照着我当时的疑惑给师兄弟们讲解的时候，师兄弟们多会恍然大悟。所以太极拳的先辈们是很聪明的，找到了这种类比的方法，指点后人练习太极拳的劲力。但是这种说法太抽象，训练起来还是不容易。

如果初学者劲力没有换过来，还是用肌肉发力，那么想要找到这种"如水负舟行"的感觉就很困难。那么掤劲到底是什么劲呢？其实就是放松肌肉，让筋骨来承受对方的来力。当身体各部位关节训练得当，筋骨形成了周身一家的内劲发力结构，就很容易将对方的力量通过筋骨传导到地下，此时，自己感觉不到用力，对方却无法撼动你，这种感觉便是"如水负舟行"。最后再将地面的反作用力连同自身产生的筋骨之力传导到对方身上，此时自己感觉不到用力，而对手已经跌出几米开外了。

所以，讲放松，知道原理和目的，便可以事半功倍。放松的真意就是六个字——松肌肉，练筋骨！

八、"四两拨千斤"正解

　　"四两拨千斤"在太极拳理论中被视为核心，也是太极拳能够以小博大、以弱胜强的奥秘所在。但是对此句的理解，确实各有各的说法。近些年来，武术界有不少对于此句的解释，其中有部分人认同的便是"即使是四两拨千斤，也得自身先有千斤之力，然后才能用四两来拨千斤"。乍一看，貌似有点道理。但是仔细一想，却又不是这样。自身只有"四两"力便使用了四两，这使用出来的"四两"与自身有"千斤力"而使用了"四两"有何不同？都是用了四两，难道此"四两"比彼"四两"力要大吗？这显然不可能。窥其本意，应该是描述为当自身拥有的力量很大的时候，用很小的力就能制服对手。然而这里很小的力是相对于自身拥有千斤力量而说的，比一般人的力量还是大很多。有千斤力而用四两的本意是大力胜小力、小力胜无力，这与"四两拨千斤"显然背道而驰。那么，"四两拨千斤"究竟作何解呢？

　　其实这只是古人在描述太极拳以弱胜强、以小博大的拳理时的一个修辞而已。这里的"四两"和"千斤"并不是指真实的"四两"力和"一千斤"力，而是想说明，太极拳的技艺是可以达到以小博大、以弱胜强的效果的。至于太极拳如何达到"四两拨千斤"的效果，这是太极拳内劲修炼、发劲方法以及使用技巧的范畴，也是修炼体系里最核心的东西，我在后文再做专题讨论。

内劲修炼

一、修正身法：无极桩（健身桩）练法及窍要

　　前文对很多初学者或者武术爱好者在训练过程中大多会遇到的问题、产生的疑问进行了系统的介绍。从这一部分开始，我就以形意拳为例，介绍怎么练才是真正练武。并不只是教形意拳动作，而是着重教怎么练形意拳的劲，是大多数只写动作的著作中省略的核心部分，俗称窍要。

（一）动作

　　双脚分开与肩同宽，脚尖向前；双膝微屈，似直非直即可；双手自然垂在大腿两侧，五指自然分开，微微撑直；身体直起来，口齿轻闭，舌顶上腭，目视前方。要求虚领顶劲、含胸拔背、劳宫吸空、尾闾中正、脚趾抓地。百会穴和会阴穴成一条直线与地面垂直，肩井穴和涌泉穴成一条直线与地面垂直。

　　初期因为自然形成的身姿不符合武术要求，所以脚跟承担全身重力，随着身法的修正，全身重力是由脚掌平均承担的（如下页图无极桩所示）。

无极桩

（二）拳理

无极桩也称自然桩，是内家拳重要的桩法之一，被历代拳家认为是内家拳的根基。拳理说："太极者，无极而生也。"练习此桩时身体处于高度放松状态，意形合一，阴阳相调，无形无象，所以说无极桩是一种平衡和谐的内在养生运动。

用这些话来解释无极桩，大家看了之后似懂非懂，抓不住实际操作要领。阴阳相调是什么感觉？无形无象又怎么做到？非常不容易理解。我给大家解释一下。

无论是八卦掌还是太极拳，或是形意拳，对身法要领的要求是一样的，因为无论是哪种内劲，都源于筋骨之力，要想放松肌肉，锻炼筋骨之力，打造筋骨发力的结构，身法要领是一致的。那么如何掌握这种筋骨发力结构的身法要领呢？众多前辈们总结出来的经验，就是从无极桩开始。无极是零，对应武术从零开始。练武术，从自然的肌肉发力习惯改变为筋骨发力的习惯，怎么转换、怎么换劲，这个过程从武术修炼的角度来讲，就是从无到有的过程，而这个掌握了身法要领的状态就是武术领域的开始状态，即"无极"。等有了筋骨之力，用力自然就成了非刚即柔的状态，在刚柔上做文章的拳法就是阴阳，就是"太极"，进而形成了太极拳的修炼体系。形意拳也是在"无极""太极"的基础上发展起来的另一套武术修炼体系。

可以说，无极桩就是一种修正身法的入门训练方法，这种方法的目的就是从掌握内家拳要求的身法要领开始强身健体，逐步换劲。

那么无极桩也就是内家拳要求的身法要领又有什么呢？我想大家都不陌生，几乎所有的武术著作都在提虚领顶劲、含胸拔背、劳宫吸空、尾闾中正、脚趾抓地。下面我把这几个要领尽力用通俗的语言描述一下，希望大家能看明白。

（三）窍要

1. 虚领顶劲

对这个要领各家描述不一。有人说下颌微收，有人说脖子后面两根大筋都感觉被微微拉伸，有人说像头顶顶着一张纸，有人说像顶一碗水，还有人说像肉钩子钩着自己的身体。从这么多描述中去寻找要领，可能越来越迷糊，除非有一天自己做对了，否则永远不会明白师父描述的真正感觉是什么。

我习惯先让学生明白这个要领的作用、原理，然后再找各种方法来让他们体会这个要领做正确了是什么感觉。其实原理很简单，因为头部重力压着脖子，所以这个要领的目的就是减轻脖子的压力。把原来脖子肌肉承担的重力转移到颈椎和颈椎后面的大筋上去。怎么转移呢？先吸气把头部往上提，在上提的过程中，脖子的肌肉就逐渐不承担头部重力了；然后微微向后靠，这个动作做到位了，下颌自然微收，颈椎后的大筋自然就微微拉伸了。

师父描述的这些动作都是必要条件，不是充分条件。等你做到了这些要领，师父所说的你也就都做到了；而你做到了下颌微收、大筋微张，也未必能掌握所有这些要领，这是非常重要的一点。

然后慢慢地均匀呼气，头部就会自然将重力转移到颈椎上。这个要领一旦做到了，之后通过含胸拔背，上焦重力不压中焦，通过尾闾中正，中上焦不压下焦，就像垒积木一样，将人体各部分的重力巧妙地转移到筋骨上，然后再由筋骨传导到地上。

当身体的内脏、肌肉都处在放松的状态时，这样的结构符合人体本来规律，内脏、血脉等各部位功能完美呈现，气血从内脏到身体各个部位畅行无阻，这种感觉你能想象到吗？站在天地之间，气血在体内随着呼吸无拘无束地畅快运行，而人也就能够达到庄子讲的"独与天地精神往来"的境界。

2. 含胸拔背

从形体上看，两个肩膀向前突起，此时前胸部位形成的是一个凹进去的半圆。但真正做到位，并不是形体达标，而是以劲力顺达为标准。含胸拔背的目的是来回传递上肢和躯干承受的力量，把头部传下来的力量传到躯干上。那躯干怎么承担这些力量呢？含胸拔背可以使上肢和脊柱形成一个劲力意义上的整体，把上肢传来的力量和头部传来的力量都整合到脊柱上，使内脏所处的空间不受压迫。从武术的角度讲，这是发出整体力的必要条件；从健身角度讲，内脏不受压迫是内脏功能不受损伤的前提条件。所以，桩功、内家拳、传统武术之所以有非常大的健身意义，其核心的秘密就在这里。

教大家一个掌握含胸拔背的有效方法：自然站立，双脚分开，与肩同宽，双手放在胯前（大腿根前面），两手掌心向下，掌指朝前，手指撑直。然后双掌内旋，十指相对，手指保持撑直，此时注意体察一下肩膀的感觉——自然的两肩前突、胸部后缩、背部撑圆。这就是含胸拔背的要领。

3. 尾闾中正

尾闾中正可以说是身法要领中最关键的了。如果说含胸拔背是让胳膊和躯干，上三节和中三节从劲力角度上整合的话，那么尾闾中正就是下三节和中三节得到整合了。含胸拔背和尾闾中正是发出整体劲的两个窍要。

虚领顶劲把头部重力传给了肩膀，含胸拔背把肩膀承担的重力传给了脊柱，那么尾闾中正的目的就是把脊柱承受的重力传给下肢，由下肢再传到地面上。通过这个重力承担的重新分配的过程，身体形成了整劲。之后脚底蹬地，再把蹬地的反作用力逆向传导到前脚，直到手，从而攻击对手，这就形成了击人于丈外的整体劲。形意拳讲"消息全凭后足蹬"的奥妙就在这里。

尾闾中正到底是怎么做呢？前辈们有很多形容，如"提谷道""把腰坐到胯里""像坐着板凳"，等等，其实，就是把尾椎向前靠、腰椎向后靠。这就必须提到内家拳修炼当中脊柱的秘密。人体自然的脊柱是"S"形的，通过含胸拔背和尾闾中正可以把脊柱调整成接近"I"形，这种形状更利于重力的传导。一旦做到了尾闾中正，会阴自然内敛，谷道自然上提。有些书仅仅是从会阴和谷道的状态来描述桩功，没找到真正的根本。会阴和谷道的反应是做到尾闾中正时自然产生的结果，如果仅从会阴和谷道上找，即便是主动做到了会阴内敛、谷道上提，尾闾没有中正也是产生不了内劲的。

实践出真知，前辈们真是睿智，在长久的实践当中摸索出这么一个符合力学、美学和重力原理的结构。

4. 劳宫吸空

这么描述，大多数人看不明白，或者明白字面意思，但不得窍要所在，所以我习惯讲成五指撑开，这样比较容易从字面上理解这个要领。前辈描述这个要领的时候说："五指微弯，如抓热馒头状，抓紧了太烫，放松就掉了，抓到刚刚好为止。"这也属于意会的范畴，如果悟性不是特别高，根本悟不出来。我抓过无数个热馒头，也没悟出个所以然来。直到有一次，在天津碰到一个拳友练大成拳桩功，他手指微弯如勾，有一种劲力自然透发出来的状态。我一开始还觉得他有些僵了，不是要求放松吗？但是有一日心念突动，遂恍然大悟。

五指既要放松又要保持微弯。放松是要求肌肉放松。保持微弯，在自己的感觉上是把手指撑开了，这个力是分布于手指上的筋发的力。所以五指撑开是筋发力，微弯是为了让筋舒展到适当的程度。如果把手指伸直，筋就伸展得有些过了；如果完全松懈了，手指就缩成一团了，筋也就得不到锻炼了。在微弯的状态下，手指上的筋能撑到刚刚好的位置而得到锻炼。五指撑开微弯的状态下，劳宫穴也就是掌心的位置呈现出自然后缩的状态，好像形成了一个涡，这就是劳宫穴吸空。

5. 脚趾抓地

五趾为什么要抓地？有人说为了掌握平衡，有人说为了与地气相接。

这是对不同功法范畴的不同解释。

从武术的角度看，五趾抓地对不对？站桩、行拳是否需要五趾抓地？应该说，这个"抓"字用得不好，但是其表达的真实含义是对的。咱们先不讨论如何站才能更加容易发力、发劲。首先想一想，如果要练拳或者与人角力，我们的脚底应该怎样做，才能更加便于自己抵抗对方的力，或者更简单一点，如何站才能更加稳当，不容易被推倒。从字面上看，"五趾抓地"的作用也正在于此，让脚"抓住地面"，从而使自己更加稳当。

另外，脚掌要承担人体全部重量，前脚掌和后脚跟怎样分配承重，这又是历来拳家争论的焦点之一。前面说过，刚开始站桩时，由于自然身姿的影响，做到各种身法要领时，重心往往落在脚跟，有的初学者还会站不稳而往后倒。此时五趾抓地有助于保持身体平衡，缓解身体后倒。随着身法的逐渐修正和桩功功架的逐步定型，五趾抓地也会增加其他的功能。

此外，我认为五趾抓地最重要的意义就是与劳宫吸空一样达到撑筋的目的。从武术训练上讲，我们可以认为手指和脚趾都属于筋稍。上面的筋稍是手指，下面的筋稍是脚趾，位于身体两端。涌泉穴吸空可以撑开下端筋稍，劳宫穴吸空可以撑开上端筋稍，从而达到最好的伸筋拔骨的效果。

有的功法要求脚尖向前，有的功法要求脚站成内"八"字。到底怎么做？其实这两种说法讲的是同一种姿势，只不过脚尖向前是从观察别人站立的角度描述的，而内"八"字形描述的是自己的体会。大家可以自己体会一下，当感觉到自己的脚掌成内"八"字的时候，低头看看脚尖是不是朝向正前方，两脚外缘形成了一对朝向正前方的平行线。这样的站姿有助于稳固身体。脚站内"八"，双膝里裹，大腿外翻，这样就形成了一种直插地底的力量，而这种力量就是由脊柱传下来的身体重量。经过身法修正后，人体的各个部位不分担重力，而是通过巧妙的力学结构的重新构建，在身体内部形成一条直达地底的通道，全身的重力都通过这条通道由脚底传递给了大地，这才是"落地生根"。

人在这个环境中去调整身法，自然容易顾此失彼，难以练成。所以建议大家从无极桩这个最简单的桩法开始，开始就把最重要、最核心、最基础的身法要领掌握好。练拳先要正身法，"身法不正，内劲不生"。没有内劲的拳法套路，仅是空架子而已，与广播体操无异。上面这几个要领的具体体悟和详细解释，在"混元桩"里具体说明。

（四）调息

无极桩的动作都做好、要领都调整到位、身心都静下来以后，就可以开始进入调息阶段了。

人体通过呼吸与自然界中的空气进行气体交换，获得相应的能量。对人体内脏的锻炼，呼吸是唯一可以利用的途径。人体在不同的情绪状态下会出现不同的呼吸状态，着急时比较急促，慌张时比较短促。反过来，呼吸也可以调整人体的状态，紧张时深呼吸，紧张感就会得到缓解，这是我们每个人都可以验证的。桩功的调息作用是指通过呼吸来锻炼内脏和调整身体状态。

具体的练法：等待心情平静下来以后，意念（就是注意力）集中到鼻孔下端、人中穴前方的空处，道家称为"虚无窍"。慢慢地排除杂念，放慢呼吸，呼吸要求深、细、匀、长。十分钟左右会进入一个相对放松的状态，初学者可以默数 36 次呼吸，大约是一分钟呼吸 2~3 次。不强求一分钟呼吸几次，适量就好。

然后"服气三口"。服气时需要将上下两片嘴唇微微上翘，吸气时自然会发出与"服"字的字音相近的声音，然后将气像饭团一样吞咽下去，再用鼻徐徐呼出。做三次，吞三口气即"服气三口"。当年师父传授此法，可惜我一直未能体会，其原理也没有探究明白。姑且在这里分享给大家揣摩吧。

"服气三口"之后，可以加入意念进行借假修真了。师父传授的无极桩意念是意想气从左手指端开始往上流动，过手指、手掌、手腕，经小臂、肘关节大臂、肩膀，至脖子左侧、左脸、左耳，从左耳再到百会穴。之后再从百会穴下流到右耳，同路线到右手指尖，然后从右手指尖流到大腿右侧，继续下流到涌泉穴，自右涌泉穴从地底再到左涌泉穴，上流到小腿左侧、大腿左侧，然后流回左手指尖，完成一个循环。女子练功则左右对调。如此进行三个循环即可。

速度由自身控制，一般走完这三个循环，至少需要半小时。

之后如果还想站无极桩，可以意注丹田，以一念代万念，继续站，直到升成混元桩，或者站到不想站而收功为止。

（五）收功

无极桩的收功也称"捧气贯顶"。万法均有始有终，无极桩也不例外。收功前先将意念收回丹田，手臂从两侧徐徐上升，手心向上，然后在头顶相对，意想天地之精气都被捧起来聚在两掌中间，继而双手徐徐下按至丹田处，意想双掌之间的天地精气从百会穴入，随两手下按缓缓流入丹田。此动作循环三次。之后双手搓热，轻抚面部数次，然后屈指轻叩百会穴数次，方可缓步行走，从练功的状态切换到平常的状态。

由于我对气功没有太多研究，所以在我看来，也许这套借假修真的意念是在初学者无法静心、身法要领不固定期间的一套切换状态的方法，目的是排除初学者心中的杂念和烦躁，身不动而意动，转移了初学者的注意力，引领身体逐渐进入练功的状态。

站无极桩是一个非常好的健身方法，久站无极桩可以调整全身气机，改善血液循环，也增强人体自身的免疫力。

练习者一旦身法要领成型，切换状态熟练，站久也不觉得枯燥，没有杂念的时候，我认为不用这么多意念，不遵循这套程序也可。所以，建议大家客观看待，自行选择。

二、换劲法门：混元桩练法与窍要

（一）动作

混元桩是在无极桩的基础上，徐徐抬起两臂，在胸前抱圆，十指相对，两手五指撑开，如卡钢球，劳宫穴吸空。其他动作不变。

因为双臂要提起来环抱，这就比无极桩多出了一个要领——沉肩坠肘，具体要领下文介绍。混元桩的具体姿势如下页图混元桩所示。

（二）身法要领详解

在各家武术中，混元桩都是重要训练方法之一。虚领顶劲、含胸拔背、尾闾中正、劳宫吸空、脚趾抓地这几个要领在无极桩中做过详细解说，这里不再赘述，以下单说混元桩中的"沉肩坠肘"。

沉肩坠肘是在练套路或者站混元桩的时候才有的要领，在无极桩的训练当中是没有这个要领的，所以放到最后来讲解。沉肩坠肘，顾名思义，就是肩膀和手肘有往下掉的感觉，而人的肩膀和手肘是人体的不可分割的部位，如何才能产生位移呢？而且大成拳要求肩撑肘横，这个"横"和坠方向都不一样，为什么都能练出功夫呢？其实这里的沉和坠，

混元桩

还有横，都是人的感觉，不是真实的位移。太极拳前辈描述这个要领时说肩与肘常常有下坠之意。虽然说法无误，但是在今天来讲，尤其是在没有师父指点的情况下，是断然无法让人正确体悟的。

究其目的，是将手、肘、肩、背、腰有机整合起来，形成整劲。肘是小臂与大臂形成整劲与否的关键，肩是大臂与背腰整劲形成与否的关键。一般来讲，做到含胸拔背的时候沉肩也就做到了，因为沉肩的目的是要把上肢传来的力量传导到背和腰上，所以在站混元桩时，沉肩的感觉是好像把整条手臂放到肩膀上。通过胳膊上的大筋的调整转化，由肩膀承受整条手臂的重力，然后再将这个重力悬挂传递给脊柱，这样肩膀自然压着躯干，人的感觉就是肩膀往下沉，因此前辈们就把这个要领形象地叫作沉肩。

坠肘也是一样。为了使小臂与大臂巧妙组合而形成整劲，手肘不能伸直。大家都知道，肘关节是由肱骨远侧端和尺桡骨近端关节面组成，如果过伸，关节就失去了圆转通顺的功能，容易受伤。武术内劲上讲，小臂和大臂的力量如不能顺达，就不能形成整劲，而是两个力量相互对冲，因此肘关节会因承受双方的力量而受伤。坠肘的真正意义，我认为是肘部不伸直和手筋圆撑。

坠肘，从肘部不伸直的角度来说意义重大。只要肘部有下坠感，那么肘部就肯定不会是直的，劲力往来传送就容易顺达，不容易相冲。而前辈为什么要用这个"坠"字呢？这也是有讲究的。内家拳要求放松，松开不是让人像泄了气的皮球一样完全瘫软，而是要完全让肌肉放松，让筋骨来承担重力。打一个比方，筋骨构成了一个晾衣服的架子，肌肉就是挂在架子上的衣服，这个衣服架子的感觉是有东西往下坠。所以前辈们在描述这个要领的时候，非常精准地用了"坠"这个字。

而肘横是手筋撑圆的一个现象。两点之间直线最短，自然状态下手筋成直线，是一种没有撑开的状态。而想锻炼手筋，就不能让它处于这个最短的自然状态。然而手筋位于人体内部，不能人为拖拽，怎么办？用关节弯曲来改变手筋的状态。

劳宫吸空和涌泉吸空也是利用筋稍的弯曲来达到撑开筋稍的目的和作用。同理，肘部也是，肘部撑圆，手筋就得到了适当的锻炼，有拉伸感，但不像伸直胳膊那样拉伸感强烈。

中国武术植根于中国传统文化当中，也处处体现中庸思想。我们要锻炼筋骨，却不支持极端的锻炼；我们要撑开筋骨，却不赞成最大幅度地撑开，刚刚好就够了。而肘部的撑圆就是这种中庸的状态，太刚易折，太柔易泄。撑圆肘部大筋的感觉是横向的，注意肌肉放松状态的感觉是纵向的。前者描述这个状态就用肘横来描述，后者则用坠肘来描述。

（三）练功时间

记得当初刚刚跟随师父练习桩功的时候，师父无意间说了一句："好好坚持，站过 40 分钟，就是另一重境界了。"于是，我便暗暗记在心里，每天都咬牙坚持，尽量站的时间长一些。为此，我尽量地转移注意力，跟人说说话、听听音乐、想点别的事，努力地让胳膊保持桩架，20 分钟、30 分钟……终于在几个星期后能站 40 分钟了。我非常开心地告诉师父，师父当时竟然没什么反应，就回了一句"好好坚持"。当时我心里还在嘀咕，师父怎么不高兴呢？我还想问师父，我都突破 40 分钟了，为什么还是一点"新境界"的感觉都没有，毫无异常？但是看到师父的反应，我就没敢问。

现在想起来，当初是多么可笑啊。在这里我想通过自己的经历和体验来说说桩功练习时间的问题。

刚练桩的时候，要知道目的。前面的 100 天是调身阶段，就是要让师父不断地纠正动作、要领。从师父纠正的要领中体悟各个要领做正确时的感觉。因此，在调正身法之前，还是不要要求时间为好，否则，站得越久，伤身越大。如果身法不正，身体的重力会由某一个或某几个关节承受，长期站下去，这些关节往往受不了，从而出现偏差。

我开始错把站桩时间长短当作了功夫深浅的判断依据，所以一味地追求长时间，而把修正身法放到一边了，就算是次次都站到 40 分钟以上，也不会有什么结果。因为路就是错的，怎么会有反应呢？所以在这里建议大家把桩功的练习分为两个阶段。在修正身法的阶段，别犯像我一样的错误，而应该一门心思琢磨身法要领。

在掌握身法之后，才算是真正开始练桩功了。之前站桩是为了掌握桩功的架子，现在站桩才是为了练功。身法修正后你会发现，往往坚持 30 分钟都很难。如果混元桩能站半个小时，那就最好一直坚持站半个小时。如果站不了那么久，站 10 分钟也不错，当然这是指进入桩功状态之后的 10 分钟。所以，我不主张苦熬时间，吃苦的训练不宜持久，否则会耗尽对桩功的兴趣。

每次站桩，调好身法以后进入练功状态，觉得哪个部位肌肉酸就调整哪个部位的身法要领。如果感觉到筋疼痛，往往是那种面积很小的、一丝丝的疼，这其实就是在锻炼筋骨了。此时最好坚持住，直到坚持不住的时候就停下来休息休息再练。须知功夫深浅，主要看筋骨，所谓"筋长一寸，力大百斤"。而筋骨的锻炼是个漫长的过程，不会因为你一次坚持的时间长而瞬间就涨了功夫。所以我们要科学地锻炼筋骨，在每一天能够承受的范围内坚持锻炼，筋骨才会慢慢强壮，功夫才会慢慢增长，否则，突然的一次长时间锻炼，筋骨受不了，练伤了则需要很久才能恢复，反而欲速则不达！如此，苦熬时间又有什么意义呢？

站桩时间长短是可以体现功夫深浅的。但时间绝不是唯一能体现功夫深浅的标准。功夫深的筋骨好，筋骨好则站的时间就长，这是肯定的。但是反过来，站的时间长的不一定功夫深。所以，我们要看的时间是在筋骨得到正常锻炼状态下站桩的时间，而不是咬紧牙关、苦苦坚持撑下来的时间。时间只是桩功的很多表象里的一个，片面地追求站桩时间长是不科学的。

（四）混元桩"松开"正解

在站桩过程中，师父往往要求徒弟觉得哪里酸，就松开哪里。这个"松开"往往会让人产生误解。

所谓松开，就是指这一个关节不承受身体的重力，具体做法是松开肌肉，让筋骨承担身体的重力。在身法不正的时候，肌肉一直在承担着身体的重力，怎么松得开呢？所以松开不是主动地放松肌肉，而是通过修正身法，让关节不再承受身体的重力，自然就达到了放松的状态。所以，肌肉紧张要从身法调整上来解决，而不是主动地去放松肌肉。一定要记住，松开的根源不在于放不放松肌肉，而在于身法要领做得对不对。

（五）混元桩入门的标准

混元桩入门后是一种什么体验呢？你会感到肌肉越来越松弛，在重力的作用下，尤其是胳膊上有一个往下坠的力，这在平时是体会不到的，入门后就能体会到。师父有个很形象的比喻，人体的骨头像是晾衣服的架子，肌肉就好像挂在架子上的衣服一样往下耷拉。

另外一种体验是能感觉到全身的重量全部压在了脚底。身体各个关节都不承受重力，两个脚像锥子一样往地下扎，身体的重力有往地下钻的感觉。如果有上面两种体验，说明桩功入门了。

三、整劲法门：三体式修炼方法

（一）拳理

　　三体式是形意拳里最重要的功法，有"万法出三体"之说。形意拳的整个训练体系把三体式作为入门的训练方法，从三体式里修正身法、完成换劲，还要从三体式里练出整劲。所以三体式虽然是最基础的，但也是最难的。为什么叫"三体"？"三体"就是人的头、手、足对应天、地、人"三才"，三体式训练的核心显而易见。

　　按照"三节"理论，三体又各分根节、中节和梢节三节。从整个身体而论，腿脚为根节，腰脊为中节，臂手为梢节。每一节详细划分，又可以各自分出三节。从头到腰，腰为根节（在外为腰，在内为丹田），脊背为中节（在外为脊背，在内为心），头为梢节（在外为头，在内为泥丸）。从手到肩，肩为根节，肘为中节，手为梢节。从足到胯，胯为根节，膝为中节，足为梢节。三节之中各有三节也，合称"九节"。太极拳理论里有"上下九节劲，节节贯穿"，"九节"与此划分一致。内家拳很多基础的东西都是一致的。所以前辈曾说："此理乃河洛书之九数，丹书云'道自虚无生一生，便从一气产阴阳，阴阳再合成三体，三体重生万物张'，此之谓也。所谓虚无一气者，乃天地之根，阴阳之宗，万物之祖，即金丹是也。亦即形意拳中之内劲也。世人不知形意拳中内劲为何物，皆于一身有形有象处猜想，或以为心中努力，或以为腹内运气，如此等类，不胜枚举，皆是抛砖弄瓦，以假混真。故练拳者如牛毛，成道者如麟角，学者不可不深察也。以后演习操练，万法皆出三体势，此势乃入道之门。形意拳中之总机关也。"

（二）动作

（1）预备式：身体自然站立，眼向前看，舌尖轻轻顶着上腭，这叫"舌搭鹊桥"。然后口齿轻闭，下颌微收，两臂自然下垂，两手五指并拢，轻轻贴在大腿两侧，两腿直立，膝盖后挺，脚跟靠紧，前脚掌向外挪一点，两脚约呈90°。

（2）左脚先上一小步，右脚随即跟上，两脚并拢贴紧。同时，两小臂从身体两侧慢慢抬起，两肘靠肋，两肩松垂，两手心朝上，高过头顶之后向内画弧，变成掌心向下，缓慢下按到胯前握拳。

（3）上动不停，右拳顺势向身体左侧钻出，在整个钻出过程中拳心由向下缓缓变为向上，成螺旋拳。

（4）左脚顺着出拳的方向向前迈一步，顺直落地，后脚不动，两腿弯曲，前虚后实，重心在后腿上。步子的大小以练习者两脚之长为度。臀部与后脚跟的连线与地面垂直，左膝盖要与左脚跟上下对应。两脚暗含前后的蹬劲，互相为根。两膝向内扣，脚跟向外拧。当左脚前迈时，左手顺势上钻，经由右臂上方向前钻出。到两手相交之时，左拳内旋且自然变掌，此时两手慢慢分开，左手向前推，右手向回拉。左手不可前伸太直，肩至肘一段呈斜坡形，肘至腕一段呈水平。左手高与胸平，五指张开，虎口撑圆，指尖微屈，掌心内圆，肘尖下垂，坐腕向外撑动。右手拉至小腹处，大拇指根紧靠肚脐，眼平视左手指梢（如下页图三体式所示）。

三体式

（三）练习窍要

三体式是形意拳修炼体系里的根基，整体力、蹬劲、趟劲都是从这里练出来的。其实，在练三体式之前，应该先练无极桩修正身法要领，再练混元桩褪去拙力换成筋骨力，产生混元劲，之后才能在混元劲的基础上站三体式桩练劲。开始就练三体式，难度比较大。弄懂练功的目的，再做好一些基础的训练，修炼就可以事半功倍了。

三体式要求头、臀、脚跟大致在一条线上，重心前三后七，初学时往往很难坚持。掌握不了尾闾中正的要领，站三体式的时候臀部一定是撅的。因为体重都放在后脚上了，前脚就容易浮。重心放到后面，就需要前手有向前的撑劲，头上虚领顶劲（"八字诀"里的"顶"字诀）。注意，前手撑劲是筋骨之力，类似太极拳的"掤劲"，没有通过练混元桩换过劲来的人是做不到的。所以任何功法都需要有基础，上来就练一定是很难的。

后脚由于与身体一线，承受了人体七成的重力，所以需要蹬劲。开始练时会觉得腿特别累，不由地想把重心移到前面去，但孙禄堂前辈告诫说，千万不可，一定要坚持。为什么呢？他没有细说。仔细想一想其实也很简单，形意发劲"全凭后足蹬"，只有强化后腿的训练才能发出常人无法企及的力量，这也是三体式的训练核心之一。这里又有一个窍要，就是一定要让筋骨来支撑体重，蹬劲是由筋骨发出的，三体式训练的是筋骨，不是肌肉。

那么后脚蹬劲蹬足了，身体要往前移怎么办？别忘了，前脚要有"刹车劲"，这个比喻非常形象，其实这个"刹车劲"训练的就是趟劲。趟劲出来了，抢中夺位的时候才可以步到人翻、挡者披靡，才会有"卷地风"的效果。

（四）要领详解

三体式的身法要领不是一次形成的，而是在漫长的时间里由各代形意拳集大成的顶级大师不断积累经验、总结教训后慢慢形成的。最早的身法要领是四象，在心意拳的阶段，谱上只有一句话："鸡腿、龙身、熊膀、虎抱头、鹰捉、雷声，以此作身法。"这六种身法要求被称为心意"六艺"。形意拳去掉鹰捉和雷声，把鸡腿、龙身、熊膀、虎抱头作为身法，称为"四象"，后来又有了"八字诀"。经过几代形意拳大师的不断总结，"八字诀"又扩展为"校二十四法"。其实不管是哪种说法，身上表现出来的要领都是一样的，从四到八再到二十四，本质上是不断地细致化描述这些身法要领。

八字是"顶、扣、圆、敏、抱、垂、曲、挺"，每个字诀对应三个身法要领，一共二十四个，这便是"校二十四法"。

三顶：头顶，有冲天之雄；手顶，有推山之功；舌顶，有吼狮吞象之容。

三扣：肩扣，则气力到肘；膝胯扣，则全身气凑；手足指扣，则周身力厚。

三圆：背圆，其力摧身；胸圆，则两肘力全；虎口圆，则勇猛外宣。

三敏：心敏，如怒狸攫鼠，则能随机应变；眼敏，如饥鹰之捉兔，能预视察机宜；手敏，如捕羊之饿虎，能先发制人。

三抱：丹田抱气，气不外散；胆量抱身，临事不怯；两肘抱肋，出入不乱。

三垂：气垂则气降丹田，肩垂则肩能摧肘，肘垂则肘能摧手。

三曲：两肱宜曲，曲则力富；两股宜曲，曲则力凑；手腕宜曲，曲则力厚。

三挺：颈挺则精气实顶，腰挺则力达四肢，膝挺则有弹力。

上面几种身法要领的表达虽然说是不断细化的结果，但终究是凝练出来的几个术语，普通练习者如果没有老师亲手调劲、喂劲，很难明白这些术语背后所代表的东西。我想在几种提炼出来的术语之外，换一种最贴近练习者学习的表达方式，练习者可以直接从体会自己身上的细微动作来学习三体式的身法要领。下面就从上至下、从头到脚来阐述。

首先是头，头部的要领分为外形看得见的和看不见的。看得见的，简单地说就是头顶顶起来、脖子竖起来。头顶顶起来是说头要领劲，头有领劲才能避免前俯后仰。试想，头低下了，身体自然就会前俯，如果头向后，就成仰头了，身体自然运转不灵。头为六阳之首、一身之主，头部如果领不住劲，身体就会像三军无帅般散乱不堪，怎么能整合好力量迎敌呢？

其次是肩。《内功经》里说："头正而起，肩平而顺。"头正而起说的是头上的领劲。肩平而顺就是指肩的要领了。古人的描述非常简略，但是非常传神，一个"平"字，一个"顺"字，真是把肩膀的要领刻画得淋漓尽致。只是作为初学者，如果无法心领神会、感同身受，就体会不到这两个字的妙处。实际上要掌握肩膀上的要领，恰恰需要忘掉这两个字，尽管放松肩膀就好。

然后是胸背。《内功经》的口诀是："胸闭而出，背圆而正。"我们现在耳熟能详的身法要领中讲解胸背的有哪些？含胸拔背，胸圆背圆。想到这两个要领之后再仔细看一下这两句口诀，是不是说的是一回事？"含胸"对应"胸闭而出"，对应"胸圆"；"拔背"对应"背圆而正"，对应"背圆"。如此，我们就容易理解了，这三组描述要领能理解哪个就用哪个，当看到其他文字描述的时候，就会立刻感悟到别人说的那个东西就是你自己身上的这个感觉，而你是这么描述的。这个过程就是体悟，是出自实践的真知，也是王阳明心学里提倡"知行合一"的精髓所在。

当然还有一个度的问题，这其实属于哲学范畴。任何事情都是有一个度的，比方说人的体型，不管是大的还是小的，总体上会有一个区间，在这个区间内，高矮胖瘦都是正常的，有人超出这个区间了，那可能是病态。打一个比方，我们追求胸圆背圆的要领，于是拿了一圆环过来比对，认为胸口不能完美贴住圆环外侧、后背不能完美贴住圆环内侧，就不能算是圆。结果发现自己的两个肩胛骨怎么也不能合成圆，于是找来榔头敲，认为只要胸圆背圆做到了，内劲就有了。敲完之后是完美贴住了圆环，可是人也瘫痪了，还练什么拳呢？

这里我想再次强调客观、理性认知的重要性。做这些身法要领是为了练出内劲，但是如果把这些要领的描述文字当作目标，那就失去了原本的方向了。一般来说，这种度的把握是由师父来指导的，因为师父是过来人，分寸会拿捏得比较准确，在你身上一点一按，胜过千言万语。

再后是手。先说手型，三体式的手形是"八"字掌，食指与大拇指撑开、食指向上，指尖微扣。虎口撑圆，大拇指指尖微微向食指方向（往里）扣，其他三指最外面的指节向里微微扣住。这里特别应指出的是，拇指与小指这时也是有向外撑的劲，这样拇指、小指与食指之间形成一个很圆的劲，然后手腕立起。拇指一侧向外拧劲，手心向回缩劲，这时塌、拧、扣、挑、缩五劲齐全。

接下来是腰胯。说到腰胯，我在这几年的教学生涯中遇到很多案例，都因为学员原来的老师不明白尺度的把握，而学生们又一味求功，导致用力过度，过犹不及，最终空耗十余年光阴。其实三体式腰胯的要领与无极桩身法里的"尾闾中正"是一样的，即把腰椎曲线拉直，有人叫"腰曲填平"。做的时候，只需要把原来向前弯曲的腰椎部分向后动一点，而这个向后的尺度就以腰椎正直为度。"立木顶千斤"的道理我们都懂，腰椎是上半身和下半身力量传导的唯一枢纽，腰椎在弯曲的情况下受力大还是在伸直的情况下受力大？答案不言而喻。人的腰椎原本是向前弯曲的，这是由人体站立的结构形成的，在正常生活中这样并无不妥。但是在武术当中，要想自己的拳头发挥出常人没有的杀伤力，那么腰椎的受力势必大增，正常的腰椎状态不足以支持，因此身法上要求腰椎必须向后。只要腰椎弯曲了，不管向前还是向后，都不如伸直状态下受力大。在传承的过程中，"腰椎向后"或者"命门向后"是针对正常的腰椎生理曲线而言的，是一种相对状态的描述。遗憾的是，这层含义很多老师都没意会到，因此发出了"命门要拼命往后""越往后越好"的误导指令，而学生们也就跟着拼命往后练，把原本向前弯曲的腰椎硬生生练成了向后突出，变得畸形。每次碰到这样的学生，我都感到非常惋惜和遗憾。下这么大苦功训练，本应该有所成就，却因为对一个要领的过度追求导致整劲丧失，内劲终究无法练成。传统武术内劲本身就是个非常精细的东西，往往"差之毫厘，谬以千里"，缺失了因人而异的因素，必然会误人误己。真正的拳术就是学问，精益求精方能有所进步。

　　最后是脚。前脚脚尖朝向正前方。如果在地上划一条直线，这时脚的内侧应紧靠线的边缘。后脚脚尖与前脚脚尖呈 45°角分开，步子的大小可以根据人的高矮和式子的高低来决定。前脚脚后跟对着后脚的踝骨内侧。这时全脚要落实，脚尖抓地，脚后跟往外拧劲，后脚往前蹬劲，前脚往前搓劲。重心的分配是前脚三分、后脚七分。这时脚的力量应该是抓、蹬、搓、拧、扎（两脚向下扎根）。注意：一是脚尖抓地不能过度，否则站不稳；二是向下扎根之力来自松腰和松胯。站桩重要的是姿势一定要准确，注意腹部的感觉，也就是气沉丹田。注意一定要三尖相照，整个身体要正，不要歪斜，要有身体向前冲的意念，但形是向后坐。前后手都要有撑劲，不能完全松，但也不能用僵力。站完桩，可以踩踩步，柔和地活动四肢，也可以随意地发发力，让身体从练功状态切换到平常状态。

　　三体式练的不是动作，而是内劲。三体式本身就带有修正身法和换劲的功效，其中最重要的是练出整劲，有了整劲做基础，才能练五行拳。三体式要练好，需要经过师父亲手调劲、喂劲，因为整劲非亲身感受则无法领悟。语言无法将武术内劲表述全面，也没有任何一种方法能够将其表述全面，只有师父亲手调教，才能使自己真正掌握武术内劲。武术历来讲究体悟，知行合一才能真正掌握。

　　说了这么多，三体式的身法要领基本上解释完整了。现在大家应该知道，三体式的要领要比无极桩和混元桩多得多，如果直接从三体式开始训练，要把这么多身法要领同时调整到身上，顾此失彼的现象将会有多么严重！再加上三体式要求重心偏低，后腿称重较大，往往二十四个身法要领还没有调整完，人就已经站不住了。所以，与其如此，还不如把一部分三体式的要领单独拿出来，以无极桩、混元桩的形式练到身上，同时打好一定的筋骨基础，然后再进行三体式的训练，这样就可以获得循序渐进、事半功倍的效果。当然，还有一点最重要，所有身法要领都是练劲的必要条件，即想练出整劲必须要做到这些身法要领，但是反过来，做到这些身法要领却不等于练出整劲。身法要领上身之后才算是量的积累达到标准，而要练出整劲，还需要老师亲手调劲、喂劲，促成练习者自身的质变，才算成功。每一位好的老师应该都有"点石成金"的本领，这样的老师，可遇不可求！

形意练劲：五行拳练法

一、五行拳是用来练内劲的

形意的核心是整劲，想要练出整劲就必须要做到六合，即"内三合、外三合"。可是能用白话把它说明白的恐怕没几个人。练武术需要遵循求劲、求技、求道的路线，大家关心的实战和套路都是第二阶段求技里面的内容。练武术先不要在套路招式上花费太多时间。招式的打法，包括形意五行拳，都是千变万化的，只要劲对了，出手就是招，绝对不是固定的单式招法。

形意五行拳单操是一种练劲力的方法，修炼顺序为劈、钻、崩、炮、横。劈拳是形意拳入门必须练的拳法，是找劲的必由之路。崩拳是培育混元整束之劲的最好方法。钻拳、炮拳是崩拳的不同表现形式。最后以横拳合一，横拳练好了可以将五种劲合而为一，而不必进行五行合一的专项训练，所以横拳最难练。

五行拳的劲在于身法，比如崩拳练的就是过招中基本的迎敌方向上的进攻与防守，另外通过发声与呼吸、意感来锻炼身体，达到力量的积蓄与发出。如果都练好了，出招用招都是随机的，就不拘泥于形式了。五行拳的差别不只是拳的动作，这里面还有身法。五行拳各式身法都不一样，拳法好练，而身法不好练。身法练不好，就没有功夫。

　　五行拳不是练招的而是练劲的。如果劲练得不整、身上不合，那么练的就不是形意拳。劈、崩、炮三拳打出来的是整劲。钻、横两拳则独具特色，形意拳所有技法都离不开钻、横两拳，这两拳无处不在，练劲、找劲、防御、保持拳架都能从这两拳中体会到。

二、五行拳的训练程序

五行拳是形意拳的根本。五行拳练的是内劲，绝不是只练招数，例如崩拳可以上下、左右变化。大道至简，练武术不在于会多少套路，会多少招式动作。在形意拳的体系内，一个三体式、一个五行拳便是最简捷的通往武术巅峰的路径。就这几个动作，便可求劲、懂劲，然后练打法、练实战，最后登上武术巅峰。

传统武术讲究内劲，非常精细，身法差一点对劲力的影响都很大，越研究越有意思。

在整套体系中，练劲的比重很大。首先是练出整劲，其次要练出拳劲。有整劲没拳劲，不能应用；没整劲想练出拳劲的概率很低。所以，想练五行拳，首先要练出整劲。练完整劲之后练拳劲就比较容易了，此时，才涉及明劲、暗劲、化劲。

明劲要从五行拳开始训练。明劲是刚劲，但是刚劲需要柔练，这是核心。外人只知道刚劲要刚练，一开始就追求发力的迅猛，殊不知，很多精细的东西掌握不了、体会不到，看起来发力很猛，实则没有多少意义。下面我介绍一下五行拳的训练程序，以便于大家提纲挈领。

五行拳第一步先练动作。这是个载体，缺了这个载体，内劲不容易找到。五行拳动作是前辈们创造出来专门练内劲的，二者完全配套，从这里入手最容易。

第二步练明劲。先要把明劲练到身上。练明劲的时候要柔缓，因为内劲是身体里劲力的传导和运用，极为精细，身体各部位有分毫差错都会导致最后功亏一篑。如果练拳时动作很快，则很多细节体会不到，尤其是开始就练习发力则中看不中用。

第三步练发力。当然这个发力训练是有一定方法的，不是想当然的用点力就行的。常见的五行拳发力训练，我是不赞成的。发力训练，不但要发出强大的攻击力，还要经受得住强大的反作用力才行，否则一击沙袋自己手腕先折了。能打出去不算高明，打出去的同时还能收回来才是有水平。

第四步是合呼吸。拳劲的收发合上呼吸才能威力倍增。发劲不成，呼吸无法合上，则没有威力。发劲和呼吸可以同时练。然后是暗劲，最后是化劲。

五行拳是单操，单式可成趟，训练一种拳，打一个式子。式子可长可短，由人而定。每一趟都可以拆分为左式、右式和回身法三个部分。五行拳的核心意义是从五种拳的动作当中训练出对应的五种拳劲。当然这是在获得整劲的基础上才能迅速掌握的法门。所以练五行拳需要遵循训练体系的前后顺序，按部就班地来训练，好高骛远、没有耐心者跳过前面所有训练而直接练五行拳，只能是徒具其形，充其量也只能算是体操的一种，不能叫拳。但是拳劲又必须依托这些动作训练出来，所以这些动作又是必须要会的。拳劲在内，属阴；动作在外，属阳。所谓"阳不离阴，阴不离阳，孤阴不生，独阳不长"。练拳必须要懂得拳劲和动作的关系，从全局出发来客观看待，初学者不能孤立、片面地一味追求动作，或者抛开动作来求劲。

"得意而忘形"是高境界的产物和训练方法，不适合初学者。一层功夫一层道理，初学者采用高境界的训练方法，只能是邯郸学步，容易出错。而练拳容易改拳难，一旦形成错误的动力定型，再改起来就很费劲了。五行拳的内劲必须要经过师父的调教，在师父给你摸劲、调劲之后才能有所体悟，不是只用文字就可以描述出来的，也不是文字能够阐述明白的。所以下面先介绍五行拳的动作训练方法，以便于大家为以后的拳劲训练打下扎实的根基。

三、五行拳练法

（一）劈拳

形意拳之劈拳

1．劈拳口诀

双塌双钻气相连，起吸落呼莫等闲。

易骨易筋加洗髓，脚踩手劈一气传。

2．动作阐述

五行拳都由左三体式开始（图 1–1），左右轮换，循环无端。后文不再赘述。

右劈拳起式。由三体式开始，左手慢慢下落，在下落的过程中慢慢握拳。右手同时握拳，然后两拳同时翻转，拳心向上，靠在肚脐左右两边，左右小臂贴在小腹上，眼看前方（图 1–2）。

上动不停，左脚向前进半步，大约一脚左右的距离。脚尖向外撇开45° 左右，膝部微微弯曲，重心同时移到左腿上，右脚不动，右腿蹬劲。随左脚前进，左拳经由腹部、胸部向上到心口，如托物状，向前推伸。推伸过程中注意左小臂向外微微旋拧，高不过口，低不过喉。肘尖下垂，

图 1-1

图 1-2

前伸的左臂弯曲适度，不能伸直。眼看左拳（图1-3）。

图1-3

右劈拳落式。重心移到左腿后，左脚蹬地，右腿向前尽力迈一大步。抬脚不能过高，膝部微屈。

右脚落地后，左脚顺势跟进半步，重心依然放在左腿上。右腿上步的同时，右拳向上经由胸前紧靠左手小臂上方向前钻出，随即小臂内旋，右拳变掌向前向下推出，掌心向前下方。肘部微屈。右手前伸的同时，左拳随之向内旋转，变掌，走弧形线路下按于小腹前。拇指紧靠肚脐部位。眼看右掌指尖（图1-4）。

左劈拳与右劈拳动作相同，只是左右相反。

劈拳回身式。回身时，先要劈出左掌，成左劈拳定式，然后左掌下落变拳，右掌也同时变拳，两拳翻转，拳心向上，靠在腹部两旁，左脚

图 1-4

随着左掌收回，同时以左脚跟为轴，向内旋转，脚尖里扣，身体向右转身，面向后（图 1-5）。

然后可接左式劈拳，左脚蹬地，右脚向前进一小步，右拳向上提至胸口向前钻出（图 1-6）。

然后重心移到右腿，右脚蹬地，左腿向前尽力迈一大步。抬脚不能过高，膝部微屈。左脚落地后，右脚顺势跟进半步，重心依然放在右腿上。左腿上步的同时，左拳向上经由胸前紧靠右手小臂上方向前钻出，随即小臂内旋，左拳变掌向前向下推出，肘部微屈，不可伸直（图 1-7）。

左手前伸的同时，右拳随之向内旋转，变掌，走弧形线路下按于小腹前。拇指紧靠肚脐部位，眼看左掌指尖。然后便可左右循环一直打到收式。

图 1-5

图 1-6

图 1-7

收式。往返打回到起始位置，做劈拳回身式，打成左劈拳，然后左脚收回，左脚跟向右脚跟靠拢，同时左手收回胸前，缓缓下落，两臂轻轻垂在身体两侧，身体缓缓站起。注意两肩膀放松，腰胯放松，目视前方。

（二）钻拳

1. 钻拳口诀

钻拳原是地反天，上下同打是真传。

左右相同随意变，收吸发呼劲合丹。

形意拳之钻拳

2. 动作阐述

右钻拳。由左三体式开始（图 2-1），左手握拳向下拉回，到腹部前向上翻转，经由胸前向前上方钻出，小臂同时外旋，拳眼向外拧，右手同时变拳，翻至拳心向上，紧靠腹部。左手上钻的同时，左脚向前迈出半步，脚尖向外撇开，膝部微屈（图 2-2）。然后右腿向前进一大步，左脚跟进半步。落于右脚跟后面，重心在后腿。这个步法与劈拳步法一样，

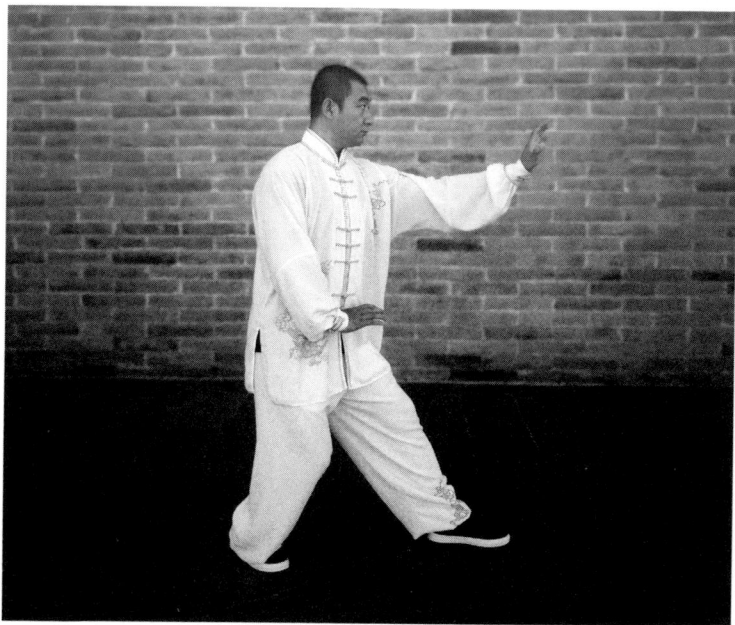

图 2-1

可以单独做跟步的训练。右脚向前迈进时，右拳先上提至胸部，然后由口前顺着左臂向前上方钻出，高与鼻尖相平。左拳变掌下滑，收到腹前，拇指紧靠肚脐，眼看右拳（图 2-3）。

左钻拳。接上式，右脚向前进半步，脚尖向外撇开约 45°。然后左脚向前上一大步，右脚随着跟进半步，落于左脚跟后面，重心落在右腿上。

图 2-2

在左脚上步的同时，左拳由下向上钻出，高不过鼻尖。右拳变掌，向内翻转，收到腹前，拇指靠近肚脐。左钻拳与右钻拳步法、手法完全一致，仅仅左右不同（图 2-4）。

钻拳回身式。钻出左拳时成钻拳左式。以左脚跟为轴，左脚尖尽力向内旋转，身体同时右转 180°，转体时双臂相对位置保持不动（图 2-5）。然后右脚向前进半步，脚尖向外，右拳由下经由胸口钻出，左拳变掌收回腹前（图 2-6）。然后可接左钻拳。

钻拳收式。往返打回到起始位置，做钻拳回身式，然后右脚向前进半步，脚尖向外撇开约 45°。然后左脚向前上一大步，右脚随着跟进半步，落于左脚跟后面，重心落在右腿上。在左脚上步的同时，左拳由下向上钻出，高不过鼻尖。右拳变掌向内翻转，收到腹前，拇指靠近肚脐

图 2-3

图 2-4

图 2-5

图 2-6

（图 2-7）。然后左臂下落，两手轻轻垂于身体两侧，左脚收回，靠在右脚跟处。最后轻轻起身。

图 2-7

（三）崩拳

1. 崩拳口诀

崩拳属木疾似箭，发动全凭一寸丹。
跟顺变化随法用，转身提足把树攀。

形意拳之崩拳

2. 动作阐述

右崩拳。由左三体式开始（图 3-1），两手缓缓握拳，成螺旋拳，左拳拳眼向上。右拳外旋，拳心向上，右小臂紧贴腹部，右肘紧靠右腰部，眼看左拳（图 3-2）。

图 3-1

图 3-2

左脚向前进步，步幅尽力大，然后右脚跟步，落于左脚后，重心仍在右腿上。两脚跟相对，距离 30 厘米左右，可根据个人情况适当调整距离。进步的同时，右拳顺着左拳的方向向前打出，在打出的过程中，拳向内旋转至拳眼向上，拳面略向前倾斜；右拳打出的同时左拳收回，靠在腰部左侧，拳向外旋，拳心向上。右拳、左腿在前，为拗步崩拳（图3-3）。

图 3-3

左崩拳。接上式，左脚尽力向前进步，右脚跟步。同时左拳顺着右臂方向向前打出，小臂内旋，最后拳眼向上，拳面略向前倾斜。右拳收回停于腰部右侧，收回的过程中微外旋，拳心向上。左拳左腿在前，为顺步崩拳（图3-4）。

崩拳回身式。当打出右拳时，左拳不动，将右拳收回到腰部，两拳

图 3-4

拳心都朝上，同时左脚脚尖向内旋转约 90°。然后身体向右扭回，右拳向上经由胸口向前上方钻出，手臂微弯，不能伸直，拳心斜向上，并略向外旋。同时，右腿屈膝上提，脚尖勾起，左腿微屈不动，眼看右拳（图 3-5）。接着右脚向前下踩落，脚尖向右横过来，脚跟着力，左脚顺势跟步。左拳在右脚落地的同时向前、向下劈出，掌心向下，右拳下落变掌收回至腰部右侧。拇指紧靠脐部，塌腕，掌心向前（图 3-6）。上式不停，右脚向前迈半步，左脚接着迈一大步。同时两手变拳，右拳打出，左拳收回，成右崩拳。然后左右轮换，不断循环，直到收式。

　　崩拳收式。往返打回到起始位置，先做崩拳回身式，打成右崩拳时，上身不动，右脚后撤半步，然后左脚后撤一步，落于右脚后面，两腿交叉。左脚后撤时，左拳从腰间沿着右臂向前打出，拳眼向上。右拳同时

图 3-5

图 3-6

收回至脐下，拳心向上。然后左臂缓缓经由胸前收回向下，两手同时落于身体两侧，最后收回右脚，两脚跟靠拢，慢慢起身。

（四）炮拳

1. 炮拳口诀

形意拳之炮拳

炮拳先走虎跳涧，两劈下裹如搜山。

钻崩之中加化打，提肛实腹水火关。

2. 动作阐述

右炮拳。由左三体式开始（图4-1），左脚向前进半步，同时左掌向外旋，掌心对着右上方，掌指向前。右掌向前伸出，掌心向左前方，与

图4-1

左掌对应（图 4-2）。然后左脚蹬地，右脚向前尽力迈一步，左脚跟进靠在右脚脚踝处，左脚不落地，悬空提着。上右步的过程中，双手同时变拳拉回，收到腹部前靠紧，拳心都向上（图 4-3）。

　　然后左脚向左前方斜跨一步，右脚跟进半步，落于左脚跟后面，重心在后腿。左拳经由胸前向上钻翻，拳逆时针向里旋转至拳心向外，停于头部左上方，与额头平齐。右拳由腰部顺势向左脚尖方向打出，拳眼向上，肘部微弯即可（图 4-4）。

　　左炮拳。上动不停，左脚向前进半步，屈膝半蹲，右脚跟进，脚步落地停于左脚内侧。左拳下落的同时右拳收回，两拳同时收到腹部前靠紧，拳心向上，眼向前看（图 4-5）。然后右脚向右前方斜跨一大步，左脚跟进半步停于右脚跟后，重心在后腿上。同时右拳经由胸前向前钻翻，小臂顺时针外翻，拳心向外，停于头部右额旁。左拳顺势向前打出，拳

图 4-2

图 4-3

图 4-4

图 4-5

眼向上，肘部微弯，与胸同高。动作与左炮拳相同，只是左右相反（图4-6）。

　　炮拳回身式。打出左炮拳时停住，以左脚为轴，身体迅速向左后转体180°，右脚随转身扣步，落在左脚旁，左脚提起，悬停于右脚内侧。同时右拳落下，与左手同时收到腹部两侧靠紧，拳心向上（图4-7）。然后接右炮拳，左脚向左前方斜跨一大步，右脚跟进半步落于左脚跟后方，重心在后腿。左拳向上钻翻至与额头齐高，右拳顺势向前打出（图4-8）。然后左右循环打至收式。

　　炮拳收式。往返打回到起始位置做炮拳回身式，然后打成右炮拳式停住，双臂下落，两手轻轻垂于身体两侧，同时左脚收回，靠在右脚跟旁边，最后轻轻起身。

图 4-6

图 4-7

图 4-8

（五）横拳

1. 横拳口诀

横拳出手似铁梁，横中有直横中藏。

左右穿裹应合意，收势退横劲宜刚。

形意拳之横拳

2. 动作阐述

右横拳。由左三体式开始（图 5-1），两掌慢慢握拳，然后左脚向左前方斜跨一大步，右脚接着跟进半步落在左脚后方，重心在右腿。身体略向左转，同时右拳经由胸前从左肘下顺着左臂向前顺时针拧出，拳心向上，高与胸平齐，肘部微弯。左拳随着身体左转，收回到右肘下方（图 5-2）。

图 5-1

图 5-2

左横拳。上动不停，左脚向左前方进一小步，然后右脚经由左脚内侧向右前方进一大步，左脚随之跟进半步，落于右脚跟后方，重心在左腿上。上右步的同时，身体略向右转，左拳顺势从右肘下方向前拧出，拳心向上。右拳随身体右转的同时收回，藏于左肘下方，拳心向下（图5-3）。

图5-3

横拳回身式。打出左横拳时停住，以左脚为轴，身体向左转身180°，左拳与右拳相对位置不变（图5-4）。右脚随身体左转顺势扣步，落于左脚前侧。左脚随即提起，顺右脚里侧向左前方斜跨一大步，脚尖向前，右脚跟进半步，落于左脚后方，重心在右腿。右拳在身体左转的同时，经由胸前从左肘开始向前拧出，拳心向上。左拳随身体转动顺势收回，藏于右肘下方，拳心向下，眼看前手（图5-5）。然后接左横拳，

图 5-4

图 5-5

左右循环，直到收式。

　　横拳收式。往返打回到起始位置，做横拳回身式，打成右横拳式停住，然后双臂下落，两手轻轻垂于身体两侧，同时左脚收回，靠在右脚跟处，最后轻轻起身。

四、内家拳训练的通则和禁忌

（一）通则

内家拳先从无极桩开始训练，三个月左右身法可以稳定在身上。通过无极桩训练把身法修正之后，就可以进行混元桩的训练了。不过这并不等于练三个月无极桩就可以增加混元桩的训练了。有些人一个月就可以稳定身法，有明师指导的也许几天就可以了，但是也有些人练了半辈子都没有修正身法。

混元桩主要用来换劲，但不是严格到换劲完成之后才能开始三体式的训练。三体式也可以换劲，当混元桩打好了基础，有一定换劲效果的时候就可以增加三体式的训练。

五行拳的训练要在三体式练出整劲的前提下才能开始，盲目、机械地练五行拳动作，无益于内劲，反而会形成错误的习惯，最终影响训练效率。五行拳的训练是最精细的，就像雕刻家雕刻作品一样，一点一点地雕琢打磨才能雕刻出精品。

（二）禁忌

合理安排运动量，切忌超负荷训练。功夫是日积月累不断增长的，不是一次练出来的。尤其桩功，时间要在正确训练的基础上延长才有意义。

要养成良好的生活习惯。一边打拳锻炼，一边熬夜损耗，就会抵消练武对身体素质的提高效果。

保持平和的情绪，注意合理节欲。每天补充的食物是有限的，转化的水谷精微也是有限的，转变为生理排泄得越多，供给身体的能量就越少，此消彼长，会影响训练效果。

饭前、饭后不训练。训练以没有饱腹感和饥饿感为宜，饭前、饭后半小时以内不训练。

避风如避箭。大汗之后不洗冷水澡，不立刻吹空调，训练的时候避开凉风、热风。

睡觉前训练的时间要求。睡觉前两小时内不打拳，半小时内不站桩。现代医学指出，训练时身体会释放多巴胺、内啡肽等使神经中枢兴奋。如果训练完立即睡觉，则难以入睡，更难以进入深睡眠的状态。打拳后间隔2小时左右再睡觉，能缓解身体疲劳，还能有效地促进睡眠。站桩的活动量不大，影响较小，所以一般站完桩半个小时后睡觉就可以了。

后 记

　　首先感谢大家耐心把书看完，希望本书的内容能使您获益！

　　早在我读大学期间，就有提笔写书的想法。当时我管理武术协会，一直在教同学们练习武术，发现热爱武术的人挺多，但是大家对武术的理解却非常有限。当时便想，如果能把自己对武术的认识和心得写成书，那受益的群体会更大。不过由于积淀不够，迟迟未能动笔。

　　直到毕业多年后，孩子出世，欣喜之余我也开始琢磨，将来如果他喜欢武术的话，我该如何传授他。

　　后来，一场"擂台约架"爆发了太极拳的信任危机，甚至扩展到整个传统武术领域。这让我大吃一惊，原来在社会如此进步、教育如此普及的今天，还有那么多人看问题不够客观、不够理性，尤其是对传统武术的认知相当片面和狭隘。

　　想到我自己从小练习武术所走过的数十年弯路，此时我才觉得，仅仅考虑如何传授孩子是不够的。不仅是我，每一个喜爱传统武术的人都有义务去分享和传承它。传统武术是中华民族千百年不断积淀形成的独有智慧，每一种拳术都是无数代精英人士一生的经验集成，是人体力量与技巧的精深艺术。其训练体系极其精细，中间任何一个细节的疏忽都可能导致功亏一篑，用"差之毫厘，谬以千里"来形容毫不夸张。

初学者在学习的过程中，对那些最关键的、最紧要的要领往往最容易忽略。没有人耳提面命，没有人循循教导，再加上文字描述比较晦涩，多少武术爱好者误入歧途而不自知，练功多年终究还是徘徊在门外。诚然，传授孩子的时候我不希望他重复我的老路，用了十几年才摸到门道。对如今与我当年一般痴迷传统武术却不得其门而入的爱好者，作为感同身受的过来人，我总是心生怜悯。

他们或是因为师父不善表达，或是因为根本无缘良师，像没头苍蝇一样到处乱撞。倘若我把自己对武术的理解以及从体悟当中提炼、印证过的训练心得，以自己十几年弯路的经验、教训为参照，从初学者的角度出发，写一本真正适合初学者的传统武术普及图书，给像当年的我一样正在黑暗中摸索的武术爱好者们提供一条捷径，尽自己所能，让更多人感受传统武术的魅力，那该多好啊！

于是，2017 年 10 月，我的第一本书《传统武术答疑解惑录》（香港版）出版，此书一经面世便引起了传统武术爱好者的共鸣。时光匆匆，两年多过去了，总觉得《传统武术答疑解惑录》里还有太多东西没有阐述完整：传统武术的博大精深体现在什么地方，传统武术的文化属性是怎么回事、实战技击有什么特点，各个训练阶段对应的训练方法介绍得也不够全面。而本书本着为初学者提供一本良好教材的心愿，除了入门功法外，还介绍了训练整劲的三体式桩功以及五行拳。

希望本书不但可以帮助初学者入门，还能帮助初学者在入门之后进阶练劲。本书的内容更为充实，编排更为合理，功法的介绍更为详尽。但是，传统武术内劲尤其是练劲阶段的很多细节都超出了语言表达的范畴，非亲身体会无法感知，无法面面俱到、一一言表，实为憾事，还望大家体谅。

　　最后，对本书面世过程中提供帮助的所有朋友，真诚致谢！特别鸣谢北京科学技术出版社。一本能让广大爱好者受益的好书必然凝聚了出版工作者的心血和汗水。

　　勿使前辈之遗珍失于我手，勿使国术之精神止于我身！

刘永文

2020 年 7 月 6 日

人文武术精品书系

北京科学技术出版社

武学名家典籍丛书

杨澄甫武学辑注 《太极拳使用法》《太极拳体用全书》	杨澄甫　著 邵奇青　校注
孙禄堂武学集注 《形意拳学》《八卦拳学》《太极拳学》 《八卦剑学》《拳意述真》	孙禄堂　著 孙婉容　校注
陈微明武学辑注 《太极拳术》《太极剑》《太极答问》	陈微明　著 二水居士　校注
薛颠武学辑注 《形意拳术讲义上编》《形意拳术讲义下编》 《象形拳法真诠》《灵空禅师点穴秘诀》	薛　颠　著 王银辉　校注
陈鑫陈氏太极拳图说（配光盘）	陈　鑫　著　陈东山　陈晓龙　陈向武　校注
李存义武学辑注 《岳氏意拳五行精义》 《岳氏意拳十二形精义》《三十六剑谱》	李存义　著 阎伯群　李洪钟　校注
董英杰太极拳释义	董英杰　著　杨志英　校注
刘殿琛形意拳术抉微	刘殿琛　著　王银辉　校注
李剑秋形意拳术	李剑秋　著　王银辉　校注
许禹生武学辑注 《太极拳势图解》 《陈氏太极拳第五路·少林十二式》	许禹生　著 唐才良　校注
张占魁形意武术教科书	张占魁　著　王银辉　吴占良　校注

武学古籍新注丛书

王宗岳太极拳论	李亦畬　著　二水居士　校注
太极功源流支派论	宋书铭　著　二水居士　校注
太极法说	二水居士　校注
手战之道	赵　晔　沈一贯　唐顺之　何良臣　戚继光 黄百家　黄宗羲　著　王小兵　校注

百家功夫丛书

张策传杨班侯太极拳108式（配光盘）	张喆 著 韩宝顺 整理
河南心意六合拳（配光盘）	李洳波 李建鹏 著
形意八卦拳	贾保寿 著 武大伟 整理
王映海传戴氏心意拳精要（配光盘）	王映海 口述 王喜成 主编
张鸿庆传形意拳练用法释秘	邵义会 著
华岳心意六合八法拳	张长信 著
戴氏心意拳功理秘技	王毅 编著
传统吴氏太极拳入门诀要（配光盘）	张全亮 著
吴式太极拳八法（配光盘）	张全亮 马永兰 著
拳疗百病——39式杨氏养生太极拳（配光盘）	戈金刚 戈美葳 著
尚济形意拳练法打法实践	马保国 马晓阳 著
非视觉太极——太极拳劲意图解	万周迎 著
轻敲太极门——太极拳理法与势法	万周迎 著
冯志强混元太极拳48式	冯志强 编著 冯秀芳 冯秀茜 助编
刘晚苍传内家功夫与手抄老谱	刘晚苍 刘光鼎 刘培俊 著
赵堡太极拳拳理拳法秘笈	王海洲 著
京东程式八卦掌	奎恩凤 著
功夫架——太极拳实用训练	朱利尧 著
道宗九宫八卦拳	杨树藩 著
三十七式太极拳劲意直指	张耀忠 张林 厉勇 著

民间武学藏本丛书

守洞尘技	崔虎刚 校注
通背拳	崔虎刚 校注
心一拳术	李泰慧 著 崔虎刚 校注
少林论郭氏八翻拳	崔虎刚 校注
拳谱志三	崔虎刚 点校
少林秘诀	崔虎刚 校注
拳法总论	崔虎刚 点校
少林拳法总论	崔虎刚 点校
母子拳	崔虎刚 点校
绘像罗汉短打	升霄道人 编著 崔虎刚 点校
六合拳谱	崔虎刚 点校

拳道薪传丛书

三爷刘晚苍——刘晚苍武功传习录	刘源正　季培刚　编著
乐传太极与行功	乐　奂　原著　钟海明　马若愚　编著
慰苍先生金仁霖太极传心录	金仁霖　著
中道皇皇——梅墨生太极拳理念与心法	梅墨生　著
杨振基传太极拳内功心法	胡贯涛　著
卢式心意拳传习录	余　江　编著
习练太极拳之见闻与体悟	陈惠良　著
廉让堂太极拳传谱精解	李志红等　编著
武当叶氏太极拳	叶绍东　何基洪　蔡光復　著
功夫上手——传统内功太极拳拳学笔记	陈耀庭　著　霍用灵　整理

功夫探索丛书

内家拳的正确打开方式	刘　杨　著
借力——太极拳劲力图解	戴君强　著
武学内劲入门实操指导	刘永文　著

扫码一键购

编辑推荐

内家拳的正确打开方式
　　　　　　　　定价：80 元
刘　杨　著

借力——太极拳劲力图解
　　　　　　　　定价：50 元
戴君强　著

非视觉太极——太极拳劲意图解
　　　　　　　　定价：158 元
万周迎　著

轻敲太极门——太极拳理法与势法
　　　　　　　　定价：108 元
万周迎　著

功夫架——太极拳实用训练
　　　　　　　　定价：78 元
朱利尧　著

李剑秋形意拳术　　定价：89 元
李剑秋　著　王银辉　校注

孙禄堂武学集注　定价：288 元
孙禄堂　著　孙婉容　校注
《形意拳学》《八卦拳学》
《太极拳学》《八卦剑学》
《拳意述真》

薛颠武学辑注　　定价：358 元
薛　颠　著　王银辉　校注
《形意拳术讲义上编》
《形意拳术讲义下编》
《象形拳法真诠》
《灵空禅师点穴秘诀》

李存义武学辑注　　定价：268 元
李存义　著
阎伯群　李洪钟　校注
《岳氏意拳五行精义》
《岳氏意拳十二形精义》
《三十六剑谱》

刘殿琛形意拳术抉微
　　　　　　　　定价：80 元
刘殿琛　著　王银辉　校注

张占魁形意武术教科书
　　　　　　　　定价：98 元
张占魁　著
王银辉　吴占良　校注

张鸿庆传形意拳练用法释秘　定价：69 元
邵义会　著